新版

ナチズムとユダヤ人

アイヒマンの人間像

村松 剛

角川新書

目次

第一部

地獄からの報告書

一九六一年、イスラエルのエルサレムにおいて、元ナチ親衛隊中佐アイヒマンの裁判が行なわれた。告発理由は、人道にたいする犯罪、およびユダヤ民族にたいする犯罪にある。検事は証人として、ナチの殺人収容所で辛うじて生き残ったユダヤ人一〇八名を法廷に喚問した。以下にかかげるのは、その証言の一部である。

トレブリンカ第一収容所

トレブリンカ収容所は、ワルシャワ地区の人里離れた一寒村《いちかんそん》の近くにつくられた。一九四二年から四三年にかけて存在し、四三年の十一月に、ドイツ軍自身の手によって破壊されたが、その後数年をへてもなお、あたりには犠牲者の身のまわり品や、衣類やスーツケースの、散乱するのが見られた。今日でもこの地域の砂には人間の灰と骨とがまざっている。ここに送りこまれたユダヤ人の輸送列車は、少なくとも七千五百五十本をこえ、最低七十五万の人びとが殺戮《さつりく》されたのだった。

——ハウズナー検事の論告より——

裁判長　あなたの姓名は？

証　人　カルマン・タイクマンです。

裁判長　タイクマンさん、どうぞお坐《すわ》り下さい。

検事総長　タイクマンさん。あなたの職業は機械工ですね？

タイクマン証人　そうです。

検　事　あなたは第二次大戦のはじまったころ、ワルシャワのゲットー（ユダヤ人居住区）におられた。それから四二年の九月四日に、トレブリンカに移された。トレブリンカには、いつまでおられましたか？

証　人　四三年八月二日の蜂起《ほうき》のときまでです。

検　事　トレブリンカまで、どうやって連れて行かれたか、そのときの模様を話して下さい。母君といっしょだったのですね？

証　人　九月の三日か四日だったと思います。母と私とは、当時働いていたワルシャワ・ゲットーの工場から追い出されました。工場は計算器の工場です。家族のほかの者もいっしょでした。私たちはウムシュラーク広場という名の広場に連れてゆかれ、何時間も待たされたあと、あたりが真暗になってから、貨物列車に乗せられました。一台の貨車に百人か、あるいはそれ以上がつめこまれます。文字どおり窒息《ちっそく》しそうな状態でした。多勢の人がそのために気を失いました。実際、明りはまったくなく、小さな天窓が一つ上に開いているきりで、おまけに車内には塩素の臭《にお》いがするのです。出発したのは八時ころだったと思います。それから長いあいだ走りました。何時間くらい走ったか、正確なことはわかりません。汽車が停り、ウクライナ人が貨車の中にはいってきました。いや、本当は寿司詰《すしづ》めの車中にははいってこられなかったのでして、彼らは戸口のところに立って、まわりの人たちにダイアモンドはあるか、貴重品はもっているか、出せ、といいました。ウクライナ人たちは、その人たちを銃の床尾《しょうび》や笞《むち》でなぐりつけ、とりあげられるだけのものを奪いとって行きました。彼らが降りていったとき、何人かがすきを縫ってうまく車から跳《と》び降り、逃げ出したと、天窓のそばの連中がいいました。銃声がきこえたことからみると、本当だったのでしょう。

検事　どこに連れて行かれるか、あなたは当時知っていたのか。

証人　はじめは知りませんでした。

検事　絶滅収容所のことは？

証人　それも知りませんでした。

検事　そのときのあなたの年齢は？

証人　二十歳です。

検事　収容所についてからは、絶滅収容所とわかりましたか？

証人　はじめのうちはわかりませんでした。事実を目撃してようやくわかったのです。話をまえにもどしますが、銃声がやみ、汽車が動きはじめ、それから一晩中走りつづけて、明け方ころマルキニアとかマルキニとかいう駅に着きました。私はそのときは天窓の近くにいましたので、ポーランド人の駅員が私たちに合図をするのが見えたのです。私たちは「死」に向かっているのだと彼らは私たちにわからせようとしました。手を喉《のど》にあてて、つまり殺されるのだぞ、というわけです。しかし私たちのうちだれひとり、そんなことを信じる者はいませんでした。「どうしてそんなことが起こり得るのか？　私たちは健康な人間ばかりではないか？　大部分は若いこの人たちをあっさり殺してしまうなんて！」みんなそんなことは信じたくなかったのです。汽車はまた走り出し、それからまた停り、私たちは突然、ドイツ語の叫びをききました。「全員、外に出ろ。荷物をもつんだ！」ぐずぐずしていると銃の床尾や笞が飛んでくることは、いうまでもありません。中には病人や老人や、気を失っている人たちもいたのですが、そういう者も容赦《ようしゃ》なく打たれ、貨車の中やホームの上には屍《し》体《たい》がころがっていました。結局みんなはホームの上に集められ、大きな庭に面した入口に向かって走らせられました。これがトレブリンカだったのです。

検事　あなたが到着した方のキャンプは、何という名前でした？　番号は。

証人　番号？
検事　トレブリンカ第一か、第二か。
証人　第一収容所です。ほかが第二キャンプ、ということになっていました。私たちが走らせられた入口のところの庭には、二つの建物があり、入口のそばには親衛隊員とウクライナ兵が立っていました。ここで選択がはじまりました。女には左に行けといい、男は右です。私は母のそばを離れたくないと思いました。私は入口のそばでひどくうたれて地面に倒れました。それ以上打たれるのはいやで、すぐに立ち上がったのですが、そのときにはもう、母は私のそばにはいませんでした。それが母の姿を見た最後です。
検事　若い人はそのとき何人くらいいたのか？
証人　列車ではこばれてきた中から、収容所にははじめ四百人だけが入れられました。それを男女、半分ずつにしたのですから、つまり二百人ということになります。その二百人が収容所に残され、女組の二百人はガス室に連れて行かれました。もっともそんなことはあとで知ったので、当時は知らなかったことなのです。それからもう一つ、前庭に面した二番目の入口からはいったところには、鉄条網をめぐらした穴があり、手前の建物は白く塗ってあって、赤十字の印がついていました。検疫所《ラツアレツト》と書いてあります。これも第二キャンプの方に属するのですが、ホームで殺された人や車内で息絶えた人たち、それから生きてはいても歩けない人びとは、まっすぐにこの検疫所《ラツアレツト》にはこばれます。彼らはここを病室とも呼んでいました。屍体は穴の中に、それからまだ生きている人たちも、穴のそばで撃ち殺され、穴の中に投げこまれます。

検　事　あなたのさせられた仕事は？

証　人　はじめは材木を、ある場所からほかの場所にもってゆく、という労働でした。その次には囚人の身のまわり品の抜きとりです。つまりガス室に送りこまれた犠牲者たちは、その身のまわり品を私たちのいる収容所に残してゆく。第一収容所の方にです。それを整理しろ、というわけでして、遺留品は屋外の地面に山を築いていました。大変な量です。着物、玩具《がんぐ》、靴……およそ人間の使うもので想像できるものはぜんぶあった、といっていいでしょう。薬品、各種の器具、要するにすべてです。輸送列車は毎日到着しました。多いときには一日二本です。何か月かたってからは、少し減ったようですが、こういう遺留品の中から、毛皮だけを集める係とか、アルミニウム製品だけを集める係とかがいました。集めた品物は、ぜんぶドイツに送られる、という話でした。

検　事　検疫所《ラツアレツト》では、射殺をうけもっていたのはだれか。

証　人　親衛隊員が三人いました。メンツとかミンツとかいう親衛隊軍曹《シヤルフユーラー》がいましたが、私はその名前をはっきりおぼえていません。みんなは彼を、フランケンシュタインと呼んでいました。おそろしい顔をしていたからで、じっさい彼の顔は、怖くてまともには見られなかったものです。メンツだったような気がします。二番目は親衛隊軍曹《シャルフユーラー》ミイテ、彼はベルリンの出身です。それからやはり親衛隊軍曹《シャルフユーラー》のビリッツ。ウクライナ兵が一人、彼らの助手をしていました。その方の名前もおぼえてはいません。……ある日、二台の貨車にいっぱいに押しこめられて、子供たちが送られてきたことがあります。たった二台に満載なのですから、ほとんどの子が窒息して仮死状態になっていました。私たちが手伝わせられて、彼らの着物を脱がせ、検疫所《ラッアレット》に連れて行きました。するといま申しました三人の親衛隊員が、子供たちを一人一人射殺しました。子供はぜんぶ孤児で、孤児院から来たのだという説明でしたが、本当かどうかわかりません。なおこの子供列車が貨車二台というのは例外で、ふつうには一列車が貨車六十台くらいの編成です。一台平均百人くらいは押しこめられていましたから、一列車六千人か、あるいはそれ以上の犠牲者をつんできたことになります。ユダヤ人だけではなく、ジプシー列車もありました。それが二度あったはずですが、私は一回しか思い出せません。あとはぜんぶユダヤ人です。

検　事　グロドノのユダヤ人が送られてきたというはなしだったが、あなた、おぼえていますか？

証　人　おぼえています。グロドノの列車が来たのは夜で、その日の二回目の輸送でした。そのまえに、ワルシャワ地方からの大輸送があったのです。この人たちが一人残らずガス室に送りこまれて、その次がグロドノです。そのときはもう、あたりはすっかり暗くなっていました。グロドノの人たちは、例の二つの建物の間の中庭に連れて行かれ、裸になるようにいわれました。しかし彼らはその命令を拒んだのです。ドイツ人は着物を脱げといい、それから脱いだ靴をしばり合わせるようにといって、そのための紐《ひも》まで配っていました。中庭には貼紙《はりがみ》がしてあり、あらゆる人間はシャワーを浴び、消毒されるだろう、紙や貴金属やお金は、道路に備えつけてある箱に入れねばならない、と書いてあります。その道路はガス室にゆくみちで、天国街道《ヒンメル・シュトラーセ》とか、天国道路《ヒンメル・アレー》とか呼ばれていました。そして新しく到着する犠牲者たちの大部分は、シャワーとか消毒とかいわれると、そのことばをそのまま信じたものです。抵抗はほとんどありませんでした。

検事　ホームでなぐり殺されるものが出ても？　着物をはぎとられる場所で、いろいろなことが起こっても？　それでも彼らは信じていたのか？

証人　そうです。不思議にお思いかも知れませんが、わかっていただきたいのは、われわれがいつもせき立てられていたこと、万事があっというまに行なわれた、ということです。何を考える暇《ひま》もありません。なぐられまいとすること、それだけでいっぱいだったのでした。しかしいまのグロドノの人たちにもどりますと、彼らの中には、事態を推察していた人びとがいたらしく、着物を脱いではいけないと仲間にいいました。じっさい彼らは着物を脱ぐことを拒否し、抵抗したのです。親衛隊員とウクライナ兵はなぐってまわり、次に狙撃《そげき》をはじめました。私はいまでもはっきりおぼえています。広場の両側にある二つの建物の上にも、自動火器をもった親衛隊員とウクライナ兵がいて、下にいる群衆をねらい撃ちにしていました。そしてそれでも、彼らは裸になることを拒んでいたのです。私たちは、——私たちは少し離れたところにいて、そこはちょっとした空地でしたが、その空地に立ってすべてを見ていました。その次に私たちは爆発の音を聞きました。明らかにだれかが手榴弾《しゅりゅうだん》を投げたのです。あるいは何かそういうものを投げたのでしょう。重傷を負ったウクライナ兵が運び出されました。それから最後に親衛隊員が殺到し、ユダヤ人の群衆を例の道路に力ずくで押しこみます。それでも大半の人たちは、やはり服を脱ごうとはしなかったのでした。彼らは服を着たままガス室にはいりました。これは私がトレブリンカに着いてから数か月のち、まだ一九四二年のうちのことです。

検事　女の人たちはどうなったか、話して下さい。

証人　さきほど申し上げたように、収容所に着いた婦人は、左側に行き、二つの建物の片一方にはいらなければなりません。そこで彼女らは裸にされ、さらにさきに行きますと、同じバラックの中にもう一つ部屋があって、その中に理髪師と呼ばれていた連中が待ちかまえていました。髪の毛を全部刈りとり、それから例の道をとおって、ガス室に行くのです。

検事　列車がつくたびに、労働適格者をえらびだしたのだろうか。

証人　特別の選択はありません。ただ列車がつくと、何人かが労働要員として連れ出される、ということはありましたが、労働は絶滅作業のための労働だけです。ほかには仕事はありませんでした。

検事　ヴォロゼツキイ博士をおぼえていますか？

証人　よくおぼえています。彼はワルシャワからきたとかいう医者で、ウクライナ兵やドイツ人たちの診断に当っていました、いたところは、そうです、第一収容所の方でした。収容所の班長にクルト・フランツという親衛隊少尉《ウンターシュトルムフューラー》がいて、この男ははじめ曹長だったのが昇進したのですが、彼が一度ヴォロゼツキイ博士を鞭《むち》でなぐりました。理由は何だったかはっきりは知りません。博士の行状が探知されたのか、密告か、それとも収容所にいる者の大部分がうけているあたりまえの虐待か、――ともかくこのとき、少尉は博士が金をもっているのを見つけたのです。ヴォロゼツキイは、自分をどんな運命が待ちうけているかを、ただちに理解しました。囚人が金をもっているのを見つけられたら、彼は即座にしばり首か銃殺です。ヴォロゼツキイは抵抗運動の首領株の一人であり、オルガナイザーだったので、金もそのためにもっていたのです。彼は金を見つけられると、いきなりクルト・フランツにとびかかりました。クルト・フランツはたくましい大男で、ヴォロゼツキイは老人でしたが、ともかく彼は、逃げ出すことができました。バラックから外にとび出したのです。だが彼はそう遠くまでは逃げられませんでした。途中で倒れてしまったのです。博士は診察のときに謝礼でもとっていたのでしょう。囚人がぜんぶ呼び集められ、拷問《ごうもん》で失神した博士に息をふきかえさせるための荒仕事を見させられました。クルト・フランツの従卒をしていたウクライナ兵が、何か道具を使って博士の舌をむりやりに引っぱり出し、口の中にバケツで水をつぎこみます。それから、水を吐き出させるために腹を踏むのです。こんなことを何度も何度もくりかえしましたが、ついに博士は息をふきかえしませんでした。彼らは博士の服を脱がせ、鞭《むち》で乱打したあげく、検疫所《ラッアレット》に運んでいってしまいました。それからフランツはバリという大きな犬を飼っていて、彼がユーデ（ユダヤ人）とか、メンシュ（人間）とか呼ぶと、その犬は人びとに猛然ととびかかり、嚙《か》みついて、肉を喰《く》いちぎったものです。

検事　収容所からの脱走者は、何度もあったのか。

証人　はい、ありました。脱走に成功した者の大部分は、貨車から荷物を卸《おろ》したり、犠牲者の遺品を貨車に積んだりする仕事をやらされていた人たちです。彼らはたえまなく脱走の機会をうかがっていました。何人かはうまく逃げおおせたはずだと思いますが、捕まったのもいます。私がよくおぼえているのは二人のユダヤ人です。彼らは捕えられ、何時間も逆さ吊《づ》りにされていました。正確にはどのくらいの時間かはっきり思い出せませんが、ともかくずいぶん長い時間で、ときどきドイツ人やウクライナ人が行っては、逆さになった二人をなぐっていました。最後にとどめを刺しに行ったのは、ヨゼフ・ヒトライターという親衛隊員です。フランクフルト・アム・マイン出身の男でした。

検事　トレブリンカの駅には、正体をかくすための一種のカムフラージュがほどこされていたはずだが……。

証人　それは、私たちが送りこまれてから六か月くらい後です。ホームの模様はすっかり変えられ、あたりには花を植え、バラックと門をつくり、ふつうの駅によくあるような大時計まで、つけました。ビアリシュトック行きとか、ヴォルコヴィスク方面とか、本当の駅のようにあらゆる種類の指示板までかけましたので、ここに着いた人たちは、ここが目的地だなどとは夢にも思わなかったものです。

検事　乗換駅だと思うようにしたわけだね？

証人　そうです。

検事　トレブリンカで屍体焼却をはじめたのは、いつごろのことか？

証人　私たちが到着してから数か月のちです。焼却は第二収容所の方でした。

検事　トレブリンカの蜂起の模様を話してもらいたいのだが。

証人　収容所には各種作業の熟練者ばかりを集めたバラックがあり、ここにいるユダヤ人はホーフ・ユーデン（お抱えユダヤ人）と呼ばれていました。私たちもあとで、この建物のそばにできた新しいバラックに移されたのですが、そのホーフ・ユーデンの中に、ドイツ人の靴磨きをさせられている二人の少年がいました。彼らは武器庫のあるバラックで働いています。この武器庫もまた、ホーフ・ユーデンの専門家の手で建てられたものです。私たちはその建築に当った連中に、武器庫の合鍵《あいかぎ》をつくってくれといい、二人の少年に合鍵をわたしました。二人の役目は武器庫にしのびこんで、武器を袋にいれてもち出すことです。拳《けん》銃《じゆう》、弾薬、手榴弾、小銃、なるだけなら簡単に手にもてる小さな武器がいいのです。そしてこれらの武器を、馬鈴薯《ばれいしよ》の山の中とか、車庫とか、収容所の方々にかくしておかなければなりません。次に彼らは、車庫で働いている親衛隊員を、何か口実をもうけて呼び出し、建物の中で殺すことになっていました。監視の数を少しでもへらすためです。

検事　そういう計画は、実行されたのですか。

証人　全部が実現されるまでには行きませんでした。一部分が成功しただけです。蜂起の指導者は多勢いましたが、指導者は乱闘の最中に、一人残らず殺されてしまいました。指導者の一人にルドルフ・マザリクという男がいて、彼はチェコスロヴァキアの大統領の親戚だということでした（訳編者註。マザリクは一九三五年までのチェコスロヴァキア大統領。彼は八十五歳で引退している）。彼自身はユダヤ人ではなく、夫人がユダヤ人だったため、いっしょについてきたのです。彼はクルト・フランツの犬の世話をさせられていました。彼もやはり殺されたはずです。私自身は集合地点に武器をもって立っているようにいわれていました。蜂起は午後四時にはじまる予定で、二時か二時半に、二人の少年が武器庫にしのびこむ手はずです。二人はじっさい武器庫にはいり、若干の武器をとることに成功したのです。特に、手榴弾と拳銃と弾薬でした。それと同時に、ほかの二人が私たちのいるバラックに連絡にはいってきたのですが、しかしこの方はたちまち見咎《みとが》められ、捕えられてしまいました。ドイツ人は彼らを裸にし、金をもっていることを発見しました。脱走後にそなえて、彼らは金を用意していたのです。収容所班長は彼らを裸にして拷問するように命じました。そのときはすでに蜂起三十分前です。収容所内は上を下への大騒ぎになりました。みんなは走りまわって事態を耳から耳へと伝えてゆきました。捕えられている二人は、すでに私たちの計画を喋《しゃべ》ってしまっているにちがいありません。しかも収容所の囚人の大部分は、蜂起は四時にはじまると思っているのです。これはあとからきいた話ですが、機械技師のルデックという男が、二人をなぐっている親衛隊員に向かって発砲したのだそうです。ルデックは指導者の一人で、あとで死にました。そしてルデックの発砲と同時に、みんな一斉に手榴弾を投げはじめたのです。

爆発もありました。ドイツ人とウクライナ人との、バラックの消毒をうけもっている男がいました。消毒剤を油にとかしてバラックに吹きつけたそうです。このユダヤ人は、壁と柵《さく》にその油をかけて火をつけました。さらに大きな燃料タンクがありましたが、それが爆発しました。収容所の高い柵は、木の梢《こずえ》と葉でかくれるようになっていましたが、それがみんな、ものすごい勢いでメラメラと燃え上がりました。私はこのとき車庫にいたのでして、私のしなければならないことは、大車庫に行き、武器をとり出すことでした。私はその方に走りましたが、火が路《みち》をさえぎっていて到底近づけません。やむを得ず途中で引きかえし、検疫所《ラツアレツト》の方に行きました。柵に近づきますと、私の前にはすでに何人かの同胞がいましたし、柵の上にはのりこえるための板が、さしかけられています。私はそこから逃げたのです。

しかしもちろんドイツ兵は、馬や自動車で追いかけてきました。私以外の脱走者は武器をとってくるひまがあったのでしょう。私といっしょのグループは拳銃と小銃をもっていて、ドイツ人に向かって発砲しました。ドイツ兵は身をかくすために少ししりぞきました。おかげで私たちは、キャンプのまわりの森に、辿《たど》りつくことができたのです。

検事　そのときトレブリンカから脱走に成功した人数は、どのくらいだったのです？

証人　私といっしょのグループは百五十人くらいでしょう。

トレブリンカ第二収容所（一）

裁判長　証人、あなたの姓名は？
証　人　エリアウ・ローゼンベルクです。
裁判長　証人は坐《すわ》って結構です。
検事総長　あなたは倉庫係ですね？
ローゼンベルク証人　そうです。ヤッファの港で働いています。
検　事　年齢は？
証　人　三十五歳です。
検　事　あなたは一九四二年までワルシャワに居住し、同年六月十一日トレブリンカに送りこまれた。そうですね？

証人　はい。

検事　トレブリンカに着いたときのことを話して下さい。

証人　トレブリンカに着いたとき、一人のユダヤ人が私の隣にいた男のところに近づいてきて、イーディッシュ語（編者註。東欧ユダヤ人が話す言語で、ドイツ語に東欧の諸言語の語彙と、多くのヘブライ語が混じった東欧ユダヤ人が話す変形ドイツ語）で「モーゼよ、箒《ほうき》をとり、全力をつくしておのれを救え」と申しました。隣にいた友人は、さっそくそこにあった箒を拾って、貨車の中の掃除をはじめました。私はそれを見ていたのですが、このときクルト・フランツという親衛隊員が、手に鞭《むち》をもって出てきました。彼は到着したユダヤ人の列の中から何人かを列外に出させました。ユダヤ人は地面に坐っていたので、列外に出された人数は三十人くらいです。私は手に荷物をもったまま、横っとびにとんで、その列外に出たグループの中にまぎれこんでしまいました。

検事　あなたの母君と三人のご姉妹も、同じ列車の中に居られたのですね？

証人　はい。貨車から降りたとき、母と妹たちは左に行くようにといわれました。そのときはまだ、話をする余裕があったものですから、私は母に申しました。「お母さん、もし何かあったらポーランドにいる友人宛てに手紙を書いて下さい。私もそうしますから。そうすればお互いに別れ別れになっても、どこにいるかわかるでしょう」

検事　あなたは絶滅収容所にいることを、ご存じなかったのですね。

証人　はい。知りませんでした。母や妹たちとはそれが最後です。私にわかっていることは、母たちが、トレブリンカのどれかの穴に放りこまれている、ということだけです。私の方はいま申しましたように、三十人のグループにまぎれこんでいました。フランツはこの三十人は労働グループだと言い、人数を数え、一人多いことを発見しました。彼はどなり出しました。「許可なしにまぎれこんだのはだれだ？」もちろんだれも知りはしません。こうして私は、ともかくある一時期の死からは生命を救われたのです。私たちは第一収容所に向かって走らされ、荷物は全部投げ捨てろ、といわれました。私品の山ができ上がり、その巨大な山を私たちは整理分類させせられました。靴はこちらがわ、服はあちらがわ、貴金属はこっち、というような具合です。こんなふうにして一日働き、翌日は朝十一時ころ、呼び出されて点呼をうけ、そのあとまた私品の山の整理をさせられました。しばらくたつと、マテイアスという親衛隊軍曹がきてどなりました。「二十人いりようだ、二十人、希望者は出ろ」私はたまたま彼のそばにいました。そんなに近くから彼の顔を見るということが怖《おそろ》しく、もし私が申し出なかったら、またなぐられるのではないかと思い、列を離れることにしました。「よろしい、貴様らに十分間ほど、簡単な作業をやってもらいたい」私たちは第一収容所に連れて行かれました。死のキャンプです。入口は樅《もみ》の葉でおおわれています。そこを通って中にはいり、私たちは愕然《がくぜん》としました。眼にはいったのは屍体《したい》、屍体の山なのです。マティアスはどなりました。「担架をもて《アン・デイ・トラーゲン》」私たちには何のことか、さっぱりわかりません。そこらにいた人びとは屍体のまわりを駆けまわり、ドイツ人は私たちをなぐりはじめました。だがいったいどうしろというのでしょう。屍体を片づけていたユダヤ人たちが、私たちに、担架を持って屍体を一つずつのせるのだ、と申しました。そこで私たちは、——私ともう一人、名前は忘れましたが友人とは、——担架をとって屍体の山に近づき、一つをひっぱり出して担架にのせました。百五十メートルか二百メートルくらい行ったところに穴があり、屍体をそこに投げこむのです。穴の深さは七メートルくらいもあったでしょうか。そうです。たしかそんなものでした。壁面は斜めで、円錐形《えんすいけい》をしていました。こうしてその日は一日中、ガス室から穴までの、屍体の運搬です。次の日は朝、労働に出て行くと、親衛隊員がまたいろいろな仕事を命じました。労働には三つのカテゴリーがあります。ガス室と、穴までの屍体の運搬と、最後が屍体の焼却です。私といっしょにトレブリンカに来た人の中には、こういう作業に従事することに耐えられず、自殺する者が多勢出ました。彼らは帯をといて首にまきつけ、仲間に椅子をおさえていてもらいます。それから、長く苦しまないように、すぐ椅子をひいてくれ、と仲間にたのんでおくのです。彼らは助け合って死んでゆきました。

検事　あなたは絶滅の作業を、逐一見ていらっしゃるのですね？

証人　はい、全部を見ました。第一収容所から、第二の、死のキャンプに通じる路《みち》は天国街道《ヒンメル・シュトラーセ》と呼ばれていて、そこに第二収容所の全親衛隊員が、犬をつれ、鞭や銃剣をつけた銃をもって立っています。ユダヤ人は静かにこの道を歩いてゆくのです。一九四二年の夏には、まだ何が待ちかまえているか、だれも知らなかったのでした。ガス室に行列がはいりますと、入口に二人、ウクライナ兵が立っていて、彼らがガスを中に入れることになります。ウクライナ兵は、一人はイヴァン、もう一人はニコライという名前でした。ガスはディーゼル・エンジンのガスです。ディーゼル・エンジンのガスが、排気管を通じて中に流れこむようになっていました。ガス室にはいってゆく行列のうちで、最後尾の何人かは、銃剣でなぐられるのがつねでした。ギラギラする銃剣で、なぐられるか突き刺されるかするので、というのは最後尾の人たちは、もう建物の内部で何が行なわれているかを見ていて、はいるまいとするからです。いちばん小さいガス室で四百人が収容できました。扉が閉ざされ、それからあとは、反対側にいる私たちが、叫びが起こるのを待つだけです。「イスラエル万歳、お父さん、お母さん」三十五分たつとみんな死にます。ドイツ人たちが内部を覗《のぞ》きこみ、「みんな眠った、扉をあけろ」といいます。そこで戸をあけて、屍体をひきずり出すのです。

検事　屍体を焼却しはじめたのは、いつからです。

証　人　一九四三年の二月からです。四三年の一月に、ヒムラーが高級将校を連れて視察に来ました。それからあと、穴の屍体を特殊器械を使ってひっぱり出せ、という命令が出たのです。ユダヤ人列車は四三年の暮までは毎日必ず到着しました。四三年の暮に一時輸送が少なくなり、三日に一本程度になりました。

検　事　ガス室の屍体片づけの係の囚人は、何人くらいいたのか。

証　人　第二収容所にはユダヤ人は二百人程いました。そのほとんど全員が、片づけをやらされていました。

検　事　トレブリンカに輸送されてきた人たちは、一晩をそこですごしたのか、それともその日のうちに殺されたのでしょうか。

証　人　その日のうちに全部殺されました。ときには大人数が運ばれてきて、その人たちが全員ガス室に入れられることがあります。そういう場合には、翌日まで屍体は片づけられずに、ガス室に残っています。つまりたとえば最後の輸送列車が夜になって到着しますと、ドイツ人は夜に作業をすることを明らかに怖れていたので、ユダヤ人をガス室に送りこみ、私たちはバラックにかえしてしまうのです。そして翌朝になって、前夜の屍体を片づけるように命じました。

検　事　トレブリンカで殺された人たちは、どこから連れてこられたのか？

証　人　ある時期はポーランドからだけでした。しかしその後はヨオロッパのほとんど全地域からです。ベルギー、チェコスロヴァキア、ドイツ、オーストリア、セルビア、オランダ。なぜそれがわかったかと申しますと、屍体をガス室から出すときに、……とくに女性はいろいろな書類をまだかくしてもっていましたし、お金を性器の中にかくしていました。それが落ちてくるので、彼女らがどこの国からきたか、わかったのです。犠牲者たちが死にきらないでいる場合もありました。大抵は子供たちです。私たちがガス室を開きますと、床にまだ生きている子供が横たわっていることがありました。そんなときは、ドイツ人は子供たちをひきずり出して撃ち殺しました。ガス室の数は、ここに三つ、あちらに五つ、こちらにも五つというふうにたくさんあり、四十五分間に一万人は殺せるようになっています。ユダヤ人をガス室に入れるのは、まえに申し上げたように二人のウクライナ人でしたが、扉をしめる係は私たちでした。ドイツ人が「扉を開け」というのに応じてすぐ私たちは走ってゆき、扉をあけて、ガスが出てゆくのを待ちます。扉が開きますと屍体はくず折れ、しゃがれ声をあげます。ちょうどシャックリのような音です。

トレブリンカ第二収容所（二）

検事総長　アブラハム・リンドヴァッセルさん。あなたはギヴァタイムに住まわれ、電気技師として国防省に勤務している。そうですね？

リンドヴァッセル証人　そうです。

検　事　齢《とし》はおいくつです？

証　人　四十二歳です。

検　事　一九四二年八月二十八日、あなたはワルシャワからトレブリンカに連れてゆかれた。そのときトレブリンカの停車場に、ドイツ語とポーランド語で貼札《はりふだ》がしてあったでしょう。

証人　ありました。

検事　何と書いてありましたか？

証人　ユダヤ人よ。シャワーを浴び、着換えをしたのちに、きみらは東方で労働につくための旅を続けるであろう。――

検事　トレブリンカに着いたときのことを話して下さい。

証人　貨車の扉が開かれ、怒号するのがきこえました。「みんな、外に出るんだ！」私たちは外に出ましたが、そこで鞭《むち》や水筒でなぐられました。たえまなくなぐられるものですから、しまいにはいったいどうすればよいのか、どこに行ったらよいのかわからなくなってしまいます。私たちは広場に狩り立てられ、貴重品やお金をそこに置くように、と命じられました。靴も脱がせられました。それからまたなぐられながら別のところに行き、三列にならべ、といわれました。三列にならびますと、班長《ハウプトマン》と称する眼鏡をかけた男が、列の間を歩きまわって、一人一人に、おまえの職業は何だ、とききます。彼は私のまえまできて、私の顔をしげしげと見ました。私は金縁《きんぶち》の眼鏡をかけていたのです。彼はこれは金か、ときき、私がそうですとこたえますと、貴様は金や銀や宝石がわかるのか、とたずねました。「はい、わかります」私はもう一ぺんなぐられてそれから列外に出ろといわれました。私のとなりにいた男は電気技師でしたが、これも列外に出ろという命令でした。私たちといっしょの列車で来たものの中では、列外に出されたのは、この二人だけです。

検事　列車には何人くらい乗っていたのか？

証人　よくわかりません。千人くらいではないかと思います。

検事　トレブリンカに着いたとき、それがどこかはご存じでしたか？

証人　知りませんでした。いや、トレブリンカという名前は知っていました。しかしそれがどういうところかは知りませんでした。

検事　トレブリンカという名前は、きいたことがあったわけですね？

証人　はい。

検事　トレブリンカでユダヤ人が絶滅されている、ということはきかなかったのですか。

証人　それもきいていました。それでも、そんなことは信じる気になれなかったのです。

検事　どうしてです。

証人　どうして！　どうしてとおききになるのですか。説明はむつかしい。人それぞれの問題にもなるでしょう。ある人たちは、そんな絶滅などということがあり得るということを、あたまから考えてもみようとしませんでした。ドイツ人はユダヤ人を労働に送りこんでいるという噂《うわさ》が、ワルシャワに流れていました。この方がもっともらしくきこえましたし、だいいち、そう信じておく方がずっと気持もらくだったわけです。

検事　ワルシャワからトレブリンカまでの距離は？

証人　約六十キロメートルです。そして到着したその日に、私は屍体の山を、自分の眼で見なければならないことになりました。

検事　トレブリンカ第一ですか、第二ですか？

証人　トレブリンカ第二収容所です。キャンプにはいってゆきますと、親衛隊のマテイアスという男が私について来いといい、屍体をひきずって穴のところにもってゆけ、といいました。はじめのうちは私は考えました。この屍体は貨車からひきずってきたものであり、つまり、ここまでくる途中で満員の貨車の中で窒息した人たちのものなのだろうと。そしてドイツ人は、これらを消毒殺菌してから埋葬するのにちがいないと思っていました。夜になりますと、また例の眼鏡をかけた班長《ハウプトマン》が来て、貴様は「歯医者」をやらせるはずなのに、何だって屍体なんか抱えているんだ、といいました。そのじつ私がその「歯医者」ということばをきくのは、それがはじめてだったのです。彼は私の服をつかみ、私に拳固《げんこ》の雨を降らせ、むりやりに井戸端までひきずって行きました。井戸があり、そのそばに金ダライのようなものがたくさんあって、中に金歯とヤットコがはいっています。そのヤットコをもて、屍体の歯をぬきとるんだ、と彼は申しました。ガス室のすぐそばです。

検事　それで？　あなたはその仕事をしたのですね？

証人　はい。一か月か一か月半くらいやりました。屍体の中に妹の死骸《しがい》を見つけた日までです。妹の無残な死体を見て、私はツィンメルマン博士という私たちのグループの責任者に、もうとても我慢できないから、屋内作業にうつしてくれとたのみました。ツィンメルマン博士は囚人頭《カポ》です。彼もユダヤ人ですが、いつもキチンとした身なりをしていました。私は歯の抜きとり作業から放免してくれるように、屋内の、歯の掃除係の方にまわしてくれるようにと、彼にたのんだのです。ツィンメルマン博士は私をうつしてくれました。

検事　トレブリンカでは、毎週どのくらいの量の金をとっていたのか。

証人　毎週鞄《かばん》に二杯です。一つの鞄には大体八キログラムから十キログラムの金がはいりました。ベルリンに送るのだといっていました。指環《ゆびわ》もはずすことになっていましたが、これは第一収容所ですでに抜きとっていたらしく、私たちの方にまわってきた屍体には、指環はあまりついていませんでした。収容所に到着して間もなく、私の課せられている仕事がどういう性質のものかわかったとき、私は自殺しようとしました。我慢のできるようなことではありません。私は帯を解いて首を吊《つ》ったのですが、そのとき、長いあごひげを生やしたユダヤ人が、私を降ろし、帯を解き、説教をはじめました。「もちろんおそろしい仕事だ」

と彼はいいました。「ふつうなら、できることではないし、してはならないことだ。しかしわれわれは嫌悪《けんお》にうちかたねばならない。少なくともここで起こったことを人びとに告げるために、だれかが生き残らねばならない。そしてそのために耐えて、生きぬいてゆくべきだろう」我慢して生き残り、他人を少しでも助けるように、と彼はいい、私はそのことばに従いました。つらい仕事も、少しは耐えやすくなったように思います。私たちはガス室の背後の、ガス室に通じる廊下で働いていました。しかし一度だけ、マティアスに連れられて第一収容所にヤットコをとりに行き、帰りにガス室のまえを通ったことがあります。そのとき見たのですが、ガス室の入口には、ダヴィデの星のついた幕が張ってあり、その上にこう書いてありました。

「天国の入口。正しき人びとはここを過ぎん」

歯を抜きとる係は四人から六人、屍体を穴から掘り出すようになってからは、十二人までふえました。

検事　あなたが逃げだしたのは、トレブリンカの蜂起《ほうき》のときですね？　蜂起はいつのことでした？

証人　四三年の八月二日です。

マイダネック収容所

マイダネック収容所。ルブリンに近く、一九四一年に建設され、四二年春、ガス室を備えた。四三年十一月には、殺戮《さつりく》はそのクライマックスに達し、一日に一万八千人のユダヤ人が射殺されている。殺された総数は、ポーランド政府の調査によれば二十万人である。

――ハウズナー検事の論告より――

私の名前はヨセフ・レズニックです。いまはテル・アヴィヴで、小さな店を開いています。
第二次大戦中ですか。はじめはポーランド軍に参加して捕虜になり、ルブリンのリポヴァ第七収容所に入れられるまで、方々のキャンプを転々としていました。一九四一年にはマイダネックの収容所の建築工事をさせられました。はじめはユダヤ人戦争捕虜用の第一収容所です。それが終ると第二収容所。第三、第四とつくって、最後の第五収容所は四三年以後「死者のキャンプ」と呼ばれるようになったものでした。なぜそんな名前がついていたかと申しますと、ここには屍体《したい》埋葬用の大きな穴が掘ってあったからです。私は四一年に労働者してこのマイダネックで働かされ、四二年にも何週間か、ここにつれてこられました。それからルブリンのリポヴァに行き、最後がマイダネックです。

マイダネックでは、一九四一年にはまだ殺戮《さつりく》ははじまってはいませんでした。仕事を怠けた者が銃殺されて、例の穴に放りこまれることはありましたが。このころはロシア軍の高級将校の捕虜も多勢見かけました。ユダヤ系のロシア人もいましたし、そうでないのもいました。しかし四二年になりますと、すでに収容所がたくさんできていて、マイダネックの囚人は、よくルブリンに働きに行かされました。殺される人の数もずっと多くなったものです。そういえばロシア人がいたころはロシア人の赤十字が収容所の中にあり、ここで拷問《ごうもん》をしていました。最後に私がマイダネックに行きましたのは、正確には四三年の十一月三日です。

絶滅班と称する親衛隊員の一団がクラカウ（編者註。ポーランド名クラクフのこと）にいて、彼らがユダヤ人を狩り集めるのです。ルブリンのリポヴァ第七や、その他、ルブリン地区の各収容所にいたユダヤ人が集められ、このときマイダネックに送られたのでした。マイダネックに着きますと、まっすぐに第五収容所に連れて行かれ、縦隊をつくって穴の方に進んでゆきました。私たちが収容所のうしろの門からはいって行きますと、中では楽団が美しい音楽や流行歌をたえまなく奏でます。自分たちがいま、死に向かって進んでいるなどということには、だれひとり気がつくものはありません。このとき、親衛隊の将校が私に「おい」と呼びかけました。「貴様だ、貴様の職業は何か」建具師ですとこたえますと、それなら列から出ろ、とその将校は申しました。同じようにして、囚人の中のとくべつ頑丈そうなのや、とくべつ健康そうな人たちが、三百人くらい、列から出されました。女も同じくらいの人数が、やはり別にされました。私たち、列外に出された三百人の男は、十人から十五人くらいずつの班に分けられ、親衛隊の軍曹や伍長《ごちょう》や兵隊たちにとりまかれて、それぞれバラックにはいります。ここで夜までをすごすことになったのです。このとき三百人を選び出した将校は、ロルフィンガーという親衛隊《シュトウルムバンフューラー》少佐です。

夜になりました。時計をとられてしまっているので、何時だったかはわかりませんが、突然バラックに、手も長靴も血だらけの、殺人者然とした別の将校がはいってきました。アルコールの瓶《びん》をもっていました。酔っていたようです。彼は申しました。「畜生どもはもう片づいた。生きているのは貴様らだけだ。貴様らは選ばれたおかげで生きのびられるんだぞ」だが私たちには信じられませんでした。というのは、私たちの順番も間もなく、何週間か何か月かののちにはまわってくるだろう、ということを、私たちは知っていたのです。しかしともかく私たちは食事をあてがわれ、二週間ばかり、何もしないですごしました。

その二週間のあいだ、私たちはいったい何のためにここに置かれているのか、不思議に思ったものです。ところがその二週間目の、ある天気のよい日に、整列しろといわれました。将校が来て査閲をしてから、「貴様らはもう戦争捕虜ではない。生きる権利のないユダヤ人の囚人なのだ」といい、それからバスに乗せられました。バスは走り出しましたが、車は厳重に密閉されているのですから、どこに行くのかわかりません。私たちは新しい着物と道具をあたえられ、どこかへ連れてゆかれました。それがボルキという森だということは、あとになってわかったことです。森の中に幅一メートルくらいの壕《ごう》があり、それを掘れというのです。「ここからここまで掘れ」ロルフィンガーがそんなふうに申しました。スコップを二回ほど入れますと、刃《は》の先が人間の頭にあたりました。穴からいやなにおいがただよってきます。思わず手を停めますと、ロルフィンガーが「貴様、なぜやめるんだ、そこに屍体が埋まっているのを知らなかったのか」とどなりました。ここは屍体埋葬場だったのです。壕の長さは百五十メートルか、百七十メートルくらいあり、一万人くらいの屍体が、折重って埋まっていました。

穴を掘りますと、私たちはその屍体をぜんぶとり出し、千ぐらいずつまとめて、焼場で焼くように、といわれました。焼くのも私たちの役目です。近くにそういう焼場が二つあり、屍体に油をかけて火をつけますと、赤い焔《ほのお》をあげて気味わるく燃えます。二日か三日くらい燃えつづけていました。それから篩《ふるい》と粉砕機を渡され、骨を砕くのだ、というのです。

焼け残りの灰を篩にかけますと、中に白っぽい骨と金歯の金が残りました。骨は粉砕機にかけて砕き、念入りに灰にしてから、あたりの野原にまき散らします（訳編者註。灰は穴に落とすのがふつうだったようだが、この証人は「野原に」といった。そのままにしておく）。屍体はもちろんぜんぶユダヤ人のものでして、鬚《ひげ》を生やした正統派のユダヤ教徒もいました。ロルフィンガーは、どの穴にどれだけの人数が埋められているか、はっきり知っていたようでして、ある日、私たちが一つの穴を掘り、屍体をとり出してから、数はこれでいいのだろうかとロルフィンガーにききますと、彼は手にもっている書類を調べ、それから「いや、もっと掘らなければ駄目だ、七つか八つ、屍体が残っているはずだ」掘ってみますとたしかにそのとおりでした。屍体の一つは袖《そで》にダヴィデの星をつけていました。

私はこの労働を三か月間やらされましたが、掘った穴はぜんぶで八つか九つだったでしょうか。はっきりおぼえていません。穴は屍体を出してから、中に痕跡《こんせき》が残らないように掃除をし、それから消毒のための漂白粉《クロール》をまき、埋めて、上に草を植えるのです。ただし穴の一つは、新しく運ばれてくる屍体の置場として、いつも開いたままにしておくことになっていました。トラックが絶えまなく、まだ温い屍体を運んでくるのです。ガス室で殺されたのか、それとも何かほかの方法で殺されたのかは、私たちにはわかりません。ともかくそうやって運ばれてくる新しい屍体は、ぜんぶが裸でした。

あるとき穴を掘っていて、私たちは怖《おそろ》しい光景を見ました。女の屍体があり、彼女はその服の中に、二、三歳の赤ん坊を抱いているのです。赤ん坊は白いシャツをきて、白い靴下をはいていました。顔を母親の方に向けて死んでいます。この二人の屍体は、私には忘れることができません。その場にいあわせた者ぜんぶが、同じ気持だったでしょう。私たちは大抵が子持ちでした。自分たちの子供の運命もやはりこうだったにちがいないと、私たちは思ったのです。

そういう屍体を焼いて、篩にかけて、骨を砕いて、残った金歯や指環《ゆびわ》や貴金属は、みんなロルフィンガーとその従兵のラッシェンドルフとかいう男が持って行きました。彼らがどんな服装をしていたか、というお訊《たず》ねですか？　親衛隊絶滅班の服装です。親衛隊にはご承知のように、突撃部隊（訳編者註。武装《ヴアッフエン》ＳＳのことか）と、絶滅班《フエルニヒトウング》ＳＳ（収容所の監視にあたったＳＳ、髑髏《どくろ》部隊のことか）とがありますが、二人とも絶滅班の制服を着ていました。

私たちの方は、長さ八十センチの鎖で足をつながれていました。おそろしい仕事が毎日続き、私は脱走しようと思ったのですが、何しろバラックの外には四方に重機関銃が据えつけてあります。六十五人の囚人にたいして、四十五人の保安警察員と、それからべつに親衛隊員がいます。建物の入口は重い鉄の扉で閉ざされ、閂《かんぬき》がかかっているのです。これでは当りまえの方法では、逃げることは不可能でしょう。そこで私たちは、床下から地下道を掘ることを考えました。深さ二メートル半まで苦心して掘り下げ、それから五十メートル。例の、新しく殺された屍体のためにあけっぱなしになっている穴まで届かせるのです。これを仕上げるのに、私たちは二か月かかりました。その次が鎖です。

足の鎖は、毎日ちゃんとついているかどうか、検閲があります。私たちはその直後をえらんで鎖をはずし、逃亡することにきめました。幸いに私たちのところに一本の鉄棒がありましたので、これが鎖をつぶすのに役立ちました。自慢するつもりでお話しするわけでは決してないのですが、私はこの鉄棒で、八人の足の鎖をはずしたのです。何人かは鎖を切断しただけではなく、足くびについている環も、とることができました。私たちは地下道づたいに逃げ出し、屍体用の例の穴をぬけ、私はポーランド人のところにかくまってもらいました。私を助けてくれたのはポーランドの神父です。こういう人たちのおかげで、私は赤軍がはいってくるまで生きていることができたのです。

いっしょに逃げた八人のうち、逃げおおせたのは半分の四人で、戦後まで生きのびられたのは私のほかに三人だけです。そのうち二人はいまイスラエルに、ほかの一人はアメリカ合衆国にいます。戦争が終ってから、私はポーランドの検察庁に出頭し、検察庁の役人といっしょに、マイダネックの収容所跡に行くことにしました。収容所にいたころ、私たちは遺書を書いて瓶に入れて地下に埋めておいたので、それをとり出したかったのです。多勢の遺書を収めた瓶は、埋めておいたところにもとどおりありました。私たちは逃げるときにクジをひいて、だれが最初に逃げるか、だれが二番目にまわるかをきめたものです。それで私は、次の人たちがうまく逃げられたかどうか、気がかりでしたので、抜け穴も見たいと思いました。ところが抜け穴には、ドイツ軍の手で、ベトンが流しこまれてあるのです。ポーランド人は、流しこまれたベトンを、破壊することがとうとうできませんでした。私はポーランド人たちを、屍体を掘り出した穴のところにも案内しましたが、穴を埋めたあとには、私たちが植えた芝草が青々としげっていました。またあたりには骨のかけらが白く散らばっています。私たちが完全に砕ききれなかった骨でしょう。

ヘウムノ収容所

ヘウムノ。ドイツ人はクルムホッフと呼んだ。ロッズの近郊に建てられた絶滅収容所である。絶滅は四一年の末に開始され、まもなく焼却炉も備えられた。四三年四月、いったん中止されるが、四四年に再開。最低に見つもって三十四万人がここで殺されている。没収された衣服は、「ドイツ国民冬期相互扶助会」の手を通じて、ドイツ人市民に配給された。生存者は四人しかいない。

――ハウズナー検事の論告より――

裁判長　スレブニックさん。あなたはヘブライ語を話せますか？

スレブニック証人　はい。
裁判長　右手を聖書（旧約）の上に置いていって下さい。「私は神のまえに誓います。私がここで述べることは真実であり、すべて真実であり、真実以外のことは決して口にしないでしょう」……そうです。あなたの姓名は？
証　人　シモン・スレブニックです。
検事総長　スレブニックさん。あなたはいまイスラエルのネスツィオナに住み、土木建築会社の技師をしている。そうですね？
証　人　そうです。
検　事　一九四三年の夏、あなたはロッズ・ゲットー（ユダヤ人居住区）におられた。ある土曜日に、あなたがあなたのお父上といっしょに散歩をしたとき、何が起こったか、話してみて下さい。
証　人　はい。安息日のことでした。父といっしょに街を散歩していますと、突然銃声が耳許《みみもと》で起こり、父が倒れました。
検　事　父君はまだ生きておられましたか？
証　人　いいえ。即死でした。ドイツ人が現われ、私を殴打し、トラックに乗れといいました。私は父が死んだことだけでも、せめて母にしらせたく、一度家に帰らせてくれるようにドイツ人にたのみましたが、彼らは相手にしてはくれませんでした。「汚い豚め、ものをいうんじゃねえ」それが返事です。そのとき私は十三歳でした。

検事　その後、母上とは会われましたか？

証人　はい。ヘウムノの収容所で会いました。トラックがヘウムノの収容所に着くと、彼らは降りろといい、それから私たちをベンチのところに連れてゆきました。ベンチの上に坐《すわ》らせ、足を出させて、両足に鎖をつけました。鎖の長さは四十センチぐらいです。ですから私たちは歩くことができず、働くときには足をそろえて跳ねるよりほかありません。鎖はむろん夜もつけっぱなしです。これは一九四三年の暮のことですが、それからあと、四五年にドイツが負けて解放されるまで、私たちは鎖をつけたままでいました。ヘウムノには破壊された建物があり、私たちが最初に命じられたことは、この建物を掃除しろ、ということでした。建物は私たちが到着したときには、すでに破壊されていましたので、その前にここでどんなことが行なわれていたかは、当時私は知りませんでした。このとき収容所には、私たちのほかにはだれもいなかったのです。命令どおり石をとりのけたり、倒れた柱をどけたりしますと、その下から、骨や骸骨《がいこつ》や人間の腕が出てきました。驚いて何だろうと思いましたが、あとでわかりました。ここにはむかし美しい別荘があり、ドイツ人は、病気のユダヤ人を集めて、ここにすしづめにしたのです。そして建物ごと爆破してしまったのです。

検事　二日目には何がありました？

証人　二日目に、ブートマンという親衛隊中佐《オーバーシュトルムバンフューラー》が来て、働けない者はそういえと私たちに申しました。働けない人間は、新鮮な大気《フリッシェ・ルフト》の方に行かせてやる。二日目のことで、まだみんな働く余力はもっていましたから、新鮮な大気《フリッシェ・ルフト》に行きたがる男はいませんでした。三日か四日たってから、中佐がまた来て「どうだ、貴様らは毎日働きづめで平気なのか」というのです。今度は一人の男が、「少し辛《つら》いです」とこたえました。「休みに行ってもよいのでしたら、おねがいです。許可をお与え下さい」

中佐は申しました。

「一人だけを、休憩所にやるわけにはいかん。多勢希望者がいるなら行かせてやろう」

これをきいて何人かが列を離れました。すると中佐は、「よろしい、俺といっしょに来い」といい、彼らを少し離れたところに連れて行って横にならせました。それからピストルを抜き出し、一人一人の頸《くび》をうしろから撃ってゆきました。

検事　あなたはその情景を自分で見ていたのか。

証人　はい。私はその場にいたのです。

検事　ユダヤ人の輸送列車がヘウムノに到着しはじめたのはいつごろのことか。

証人　私たちが着いてから二、三か月たってからです。私たちはその間にバラックを建て、野外部隊《ヴァルト・コマンド》（編者註。主に屋外での仕事に従事させられたユダヤ人のこと）として働き、火葬場の準備もしました。そういうものが全部でき上がったころに、輸送列車は到着しはじめたのです。あとからきたそのユダヤ人たちは、石鹸《せっけん》とタオルを手渡され、これからシャワーを浴びに行くのだからトラックに乗れ、といわれます。一台のトラックの荷台の中に、八十人から百人が詰めこまれ、うしろから扉を閉めます。トラックが走り出すと、排気ガスが密閉された荷台の中にはいるようになっているので、二、三十分で全滅です。私はその屍体《したい》から金歯を引き抜く役目でして、その作業をたった一人でやらなければなりませんでした。私の監視役はヴァルターという親衛隊伍長《ウンターシャルフューラー》です。彼は指環《ゆびわ》や貴金属の抜きとりには、私を手伝ってくれました。

検事　それは収容所の構内で行なわれていたのか。

証人　そうです。

検事　あなたは長いあいだ、その屋内部隊《ハウス・コマンド》（編者註。主に屋内での仕事に従事させられたユダヤ人のこと）として働いていたのですね？

証人　はい。

検事　屋内部隊《ハウス・コマンド》の隊員は長い間殺されずにすんだのか？

証人　いいえ、そうではありません。二週間ごとに選別があり、二週間以上ここにいた者は、森に行け、トラックに乗れ、といわれます。ある日、私がここで働きはじめて三か月ほどたったときに、貴様はいつからここにいるのかときかれました。私が二日まえからだと申しますと、彼は私を嘘吐きだといい、口汚く罵《ののし》りはじめました。私は、泣きました。するとヴァルター伍長《ごちょう》がその士官のところに行き、耳に何か囁《ささや》きました。ヴァルターが何をいったのかは知りませんが、士官は私を残して立ち去って行きました。

検　事　あなたは体操をさせられたというはなしだったね。

証　人　はい。ハンス・ボートマンという親衛隊中佐《オーバーシュトルムバンフューラー》です。

裁判長　親衛隊中佐？　その階級は確かですか？

証　人　はい。私はその男が電話で話をしているのをききましたが、そのとき彼は親衛隊中佐だと返事をしていました。

裁判長　ああ。それで知ったのか。

検　事　裁判長殿。じっさいには彼の階級はもっと低かったようです。

証　人　つまりその士官ですが、彼は退屈すると私たちの中から四、五人を引っぱり出しました。私はどういうわけか、いつでも五人目ではしの方にならばされたものです。彼は指をつき出して「貴様ら、この指が見えるか？」「はい」「よろしい、では俺が指をこうしたら貴様らはすぐ寝るんだ。こう上げたら立つんだ。わかったな？」

彼が忙しく指を動かすたびに、私たちは寝たり立ったりしなければなりません。息もできないほどです。私は彼の眼の動きを見ていて、私の方を見ないときには立たないことにしました。ほかの連中はそうではないので、しまいには、「立て《アウフシュテーエン》」といわれても、身動きもできなくなりました。「何だ、貴様ら、もう立てないのか！」そうどなられても、返事もできません。彼ははしにいる私を見て、「貴様、貴様も立てないのか」私は答えました。「立てます！」私は立ちました。見られていないときには、うまく怠けていたからです。彼は横たわったままの四人のところに行き、ピストルを抜いて、あっというまに撃ち殺してしまいました。

検事　輸送がはじまってから、毎回どのくらいの人たちがはこばれてきたのか？

証人　毎日、千人から千二百人です。

検事　犬もケシかけたか？

証人　はい。いまでも嚙《か》まれたあとがあります。

検事　脱走者はいなかったか？

証人　一人いました。野外部隊《ヴァルト・コマンド》で働いていた若い男です。彼は屍体を火の中に投げこむ役をしていたのですが、ある日到着したユダヤ人の中に、自分の妹がいるのを見つけました。そして彼は、やがてその屍体を火の中に投げこまねばならなかったのです。

検事　妹の屍体をか？

証人　そうです。彼はそれをしてから、夕方、糞尿《ふんにょう》を捨てに外へ出してくれとたのみました。私たちのバラックの糞尿をバケツに入れて、外に捨てに行くのです。これは当番になっていて、毎晩だれかが交替で行かなくてはなりません。その男は許可を得て六人の囚人と出てゆき、それから一人で脱走したのですが、宿直の兵隊は気がつきませんでした。青年は出て足の鎖をはずそうとしました。片一方だけは、何とかはずせたようです。

ヘウムノから逃げるには、ネル川をわたらなければなりません。彼は渡しの小舟に乗りました。ところが、渡し舟にいた「異教徒《ゴイ》（ゴイはユダヤ教から見た異教徒。すなわちここではキリスト教徒のこと）が、彼が片足に鎖をつけているのを見つけました。ゴイは小舟に男を残したまま、陸に上がり、自分の家に駆けもどりました。家にはたまたまドイツ兵が来ていたので、そのドイツ兵に向かって彼はいったのです。「逃げだしたユダヤ人がいます」ドイツ兵はさっそく出ていって、青年を射殺しました。

私たちはそんなことを、何一つ知りませんでした。しかし夜の八時に、特務曹長が来て「みんな外に出ろ、点呼をとる」出て人数を数えてみると一人足りません。

「いないのはだれだ」

「知りません」

「四人列外に出ろ」
四人が連れ出され、川から屍体をはこんで来ました。
次の日の朝六時、ヴァルター伍長が来て私を収容所から連れ出し、ゲシュタポのキャンプに行って、ここの床を掃除しろといいました。私が掃除をしているあいだに、私のいるバラックにハンス・ボートマン中佐が来て、十五人外に出ろ、といったそうです。彼は十五人をえらんで列外に出し、ピストルを抜いて撃ち殺しました。そして「なぜこいつらを殺したかわかるか?」みんなが「わかりません」とこたえますと「貴様らの仲間が逃げようとしたからだ。こんどだれか逃げたら、全員を射殺するぞ」私は掃除をおわり、何も知らずにバラックに帰ったのですが、そのとき仲間から、中佐が私をさがしていたという話をきかされました。

検事　野外部隊の囚人たちは、どんな様子をしていたか。

証人　顔は真黒で、身体中に嘔気《はきけ》をもよおす臭いがしみついています。身体を洗うことはできないのです。

検事　ヘウムノ収容所は、いつから解体されはじめたのか。

証人　解放の三か月まえです。そのころ私たち野外部隊の囚人の人数は七十八人でした。ある日士官が来て、四十人だけほかのキャンプに移す。そのキャンプではもっとたのしく暮らすことができるし、ほしいものは何でも与えられる。ここよりずっといいところだ、といって、四十人をトラックに乗せました。しかし私たちは、彼らに向かってこう頼んだのです。

「もしきみたちが、森の方向に、——つまり死の方向に進んでいることを知ったら、そのことを知らせることばを何でもいい、ひとことだけ、書き遺《のこ》しておいてくれ」

トラックはやがてもどってきました。私はトラックにひそかにはいりこみ、彼らが何かことばを遺していないかどうか探しました。小さな紙きれがありました。そこにはじっさい、何か書いてあったのです。しかしそれはヘブライ語で、私には読めません。私はヘブライ語を知りませんでした。その文字は「死へ」の一語だったそうです。彼らが森へ連れて行かれ、そこで殺されたことを、私たちは知りました。

その後私たちはバラックを全部破壊するように、命令をうけました。一九四五年の冬、一月のある日、収容所の門が開かれ、五十人まで外に出てよろしい、といわれました。私は当時一番若く、いつでも駆けまわっていたものですが、このときはズボンもはかず、ズボン下のままで外に飛び出して行きました。チェコスロヴァキアの少年がいっしょでした。衛生係をしていた少年で、彼はこのときはうれしさのあまり、歌ったり踊ったりしていました。

ところがこのとき、班長が、ハンス・ボートマンにきいている声がきこえてきました。

「この連中、どこに寝かせたらいいでしょうか？」ボートマンはもう少し遠くだといい、私たちは五人一列に、地面にうつぶせに寝かされました。最初の銃声が耳もとできこえたとき、私は思わず首をねじまげました。続いて二発目。三発目の弾丸を、私はうけたのです。

検事　弾丸はどこに当ったのか？

証人　ここです。傷痕《きずあと》があります。

検事　で？　弾丸が抜けたのは？

証人　口の中に抜けました。口の中にもまだ傷があります。私は瀕死《ひんし》の状態でじっと横たわっていました。頭の上を一人の男が歩いて行きます。彼はまだ生きて動いている者がいるかどうか、耳をすましているような様子でした。動いている者がいると、彼は拳銃《けんじゅう》を抜いてもう一度撃ちます。私が突然われにかえったとき、かすんだ私の眼に、近づいてくる彼の姿がうつりました。私は息をとめて、地面にじっと身動きをせずに横たわっていました。そのとき、第二グループの五人が、続いて第三のグループの五人が来ました。彼らは同じようにして殺され、兵隊がその死を確認するために歩きまわっています。生きているのをみつけたのか、彼がだれかに発砲しました。そしてそのときです。私は横っとびに逃げ出し、そこらに住んでいた異教徒《ゴイ》の馬小屋に転がりこんだのでした。私は解放のときまで、そこにひそんでいました。

ロシア軍がはいってきたとき、私は彼らを馬小屋の穴から見ていました。ロシア軍がはいってくる！　私にはそれが夢なのか現実なのかわかりませんでした。だれかが戸を開いて中にはいってきました。それも夢のようでした。何でも口髭《くちひげ》をいっぱいにはやした男です。「出ても大丈夫、ロシア軍が来たのだ」といいました。外に出ると部隊長が来て、医者を呼んでくれました。医者は私を見て、もう望みはない。十二時間か、せいぜい二十四時間の命だろう、と申しました。長くはもたない、脊柱《せきちゅう》に弾丸をうけているから、というのです。

検　事　脊柱？

証　人　医師は、弾丸が脊柱を通りぬけたと思ったのです。「十二時間以上は生きられないだろう」しかし三十六時間たっても、私は生きていました。彼らは傷口をこんどは念入りにしらべて、弾丸が脊柱のすぐそばを抜けていることを発見しました。

検　事　あなたは鼻も負傷されたようだが……

証　人　そうです。私は鼻をこんなふうに切断されています。医師たちの説明ですと、私は撃たれたとき、頭を上にあげていたらしい。急に撃たれたのですから、そのとき頭がはげしく地面をうち、その拍子に、地面にあったガラスの破片か何かで切ったのだろう、ということでした。

検　事　あなたの母君は？

証　人　私は殺された人たちの遺したあらゆる種類の袋、鞄《かばん》を選《え》りわけることもやらされていました。中から貴重品をとり出すのです。ある日私は、一つの手提袋の中に、母の写真を見つけ出しました。

検　事　スレブニックさん。あなたの傷は、いまでもまだ痛みますか？

証　人　ええ。

検　事　あなたはご自分の体験を、忘れることに成功なさいますか？

証　人　夜はいまでもなかなか眠れません。幻影がたえまなく私を追いかけてくるのです。

裁判長　弁護人セルヴァティウス博士。何か質問は？

弁護士　ございません。

ラヴェー判事　あなたは十三歳だったとおっしゃった。ヘウムノに着いたとき、十三歳だったわけですか？

証　人　そうです。

判　事　ヘウムノでは、だれが鎖につながれていたのですか？

証　人　全員です。

判　事　全員？

証　人　屋内部隊《ハウス・コマンド》で働いていた人間全部です。みんな鎖につながれていました。

判　事　野外部隊《ヴァルト・コマンド》も？

証　人　そうです。一人の例外もなくです。

ハレヴィー判事　あなたは馬小屋にどのくらいいたのです？　ロシア軍が到着するまでに、どのくらいの時間がありましたか。

証　人　二日間です。傷はひどいものでしたから、ロシア軍の到着がもう一日遅れていたら、私は死んでいたでしょう。そしてその二日間も、収容所内での虐殺は続いていたのです。私たちがだまされて外に出て殺されたのを、中の連中は知ったものですから、もうだれも門を出ようとはしませんでした。そこで親衛隊員はバラックに油をかけ、外にころがっている屍体にも油をかけて、バラックに放りこみました。それから火をつけて、みんな燃やしてしまったのです。ヘウムノの施設を私たちがつくらせられてから九か月間、毎日毎日、千二百人くらいずつのユダヤ人がここに送りこまれ、毎日殺されてゆきました。たまに、溜《たま》ってしまった骨を砕くのに休む日もありましたが、ともかく殺された数は厖大《ぼうだい》なものに達するでしょう。

ソビボール収容所

ソビボールは一九四二年初頭、ルブリン地区につくられた絶滅収容所である。解放後、ここを調査したポーランド検察官は、灰と骨と脂肪の山を見た。殺されたユダヤ人の数は、ポーランド当局のしらべでは、少なくとも二十五万を下らないという。

――ハウズナー検事の論告より――

私はドヴ・フライベルクと申します。いまはこのイスラエルのシクウン・ハマミで、電動機工場の監督官をしています。第二次世界大戦がはじまったときは、まだ十二歳で、ポーランドのロッズに住んでいました。ロッズにドイツ軍がはいってきてから、家族といっしょにロッズのゲットーを逃げ出し、ワルシャワのゲットーに行って、ここに四二年のはじめまでかくれていました。ここの方が安全だと思ったからです。

しかしドイツ人の圧迫はここでもひどいものでした。私たちは食糧を買うために、持っているあらゆるものを手放さなければなりませんでした。その売るものもやがては尽きてゆきます。食べるものは何一つなく、飢餓《きが》の日々が続いて、祖父と祖母はベッドから立てません。母は私たち子供に食物を与えるために、自分は何も食べなくなり、身体がむくんできはじめました。みんなは私に申しました。ここのゲットーを脱出して、親戚《しんせき》のいるルブリン地方に行きなさい。ルブリンのトゥロビンという町です。私はいわれたとおりに、ワルシャワを脱《ぬ》け出し、トゥロビンに行きました。ところがそれから間もなく、四二年の五月のことです。ドイツ軍が村を包囲しました。

よく晴れた朝だったことを思い出します。私はある家族のところに厄介になっていたのですが、その朝は、眼がさめたとき、何か街の空気がいつもとちがうことを直覚しました。私は別の、知合いの家を訪問しようと、急いで家を出たのですが、その途中、ドイツ人がポーランドの警察に手伝わせて、ユダヤ人を片っぱしから道路にひきずり出しているのを目撃しました。彼らは集めたユダヤ人を、市場の広場に連れてゆくのです。結局私も捕えられ、その広場に連れて行かれて、それからクラスニスタフという町に拉致《らち》されてゆきました。ここには近在の村や町のユダヤ人が、みんな狩り立てられてくるのです。私たちはクラスニスタフで一晩をすごさせられ、翌日は貨車です。貨車はギュウギュウづめで、立っていることさえできないほどでした。呼吸が困難になり、気を失う者が多勢出ました。わずか三、四時間の汽車旅だったのですが、あまりの苦しさに私の乗っていた貨車だけで死者が二人出ています。着いたところがソビボールでした。

　貨車が停り、「外へ出ろ、急ぐんだ！」という叫び声がきこえました。何か考えている暇などまったくありません。私たちはいくつかのグループに分けられ、親衛隊員とウクライナ兵におどかされ、どなられながら、鉄条網でかこまれた小さな入口のところまで走りました。その入口のところで、私たちは右と左とに分けられるのです。男はこちら、女と子供はべつのところ、ということでした。もう夕方で、あたりは次第に暗くなってゆきます。左右に分けられた私たちは、中庭で男も女も子供も、全部裸にされました。私は小さかったのですが、男の組に入れられました。男はその場で裸のまま一晩をすごさせられ、女と子供は中にはいってゆきました。もちろん行くさきはガス室です。そのころは収容所の設備がまだ整えられてなく、夜は殺すことができなかった。男が次の日まわしになったのはそのためでしょう。ここの収容所は第一収容所《ラーゲル・アインス》といって、交響楽団があり、私たちがこんなことをしているあいだ、何かたのしい曲を演奏していました。夜空に星が美しく輝いていました。さすがに私は、何か様子がへんだな、と思うようになりました。

私たちは何が行なわれているか、そのときはまだ知らなかったのです。もちろん殺人が多く行なわれていることは知っていましたし、殺人の現場も、いくどか目撃していました。大量殺人の噂《うわさ》もありました。しかし貨車にギュウ詰めにされて送られてきても、そんな目にあわされても、それでも私たちは、全員の殺戮《さつりく》などということがあり得るとは、その噂が本当だということは、信じたくなかったのです。私たちは汽車がルブリンの方向に向かっていないことを知って、どんなに喜んだことでしょうか。というのはルブリンにはマイダネックの収容所があり、そこの労働は非常に辛《つら》いものだと当時考えられていたのでした。ところが汽車は東に向かっている。私たちはウクライナに送られ、農業労働につかせられるのだという噂もあったのです。

ウクライナに行くなんて嘘だ、ベルゼッツ（編者註。ポーランド名ベウジェッツのこと）に送られ、絶滅されるのだ、と私たちの村にきて話していったユダヤ人がいました。しかしこのときは彼の話をだれも信じようとせず、逆に彼は、恐慌のタネをまく有害な人物である、ということになったものです。ともかく私たちは、絶滅の噂は信じませんでしたし、信じまいとつとめていたのですが、この夜は、少少おかしいと思わざるを得ませんでした。

不安な夜が明けて次の朝、ドイツ人が来て、特別な技術をもっている者、つまり職人とか仕立屋とかをえらび出しました。そしてこのときも、私は何だか変だな、と思い、村にきて絶滅のことを話し、村八分にあった例のユダヤ人のことを思い出したのでした。私は何の技術ももちませんし、家族もありません。たったひとりでぼんやり立っていますと、ドイツ人は次に健康で頑丈そうな若者をえらびはじめました。彼は一人一人適当な人間をえらんでゆき、私もその中にいれられました。三十分ほどしてから、残りの人たちはガス室に送りこまれ、私たち百人か百五十人くらいの人数はあとに残って、労働につくことになったのです。

その日は一日中働かされました。私の仕事は、だれもいなくなった中庭に残って、そこに脱ぎ棄《す》ててある着物や身のまわり品を一か所に積み上げることです。ほかの人たちはいろいろなところで働かされていましたが、それがすんで所定のバラックに引きあげてから、こんどは怖《おそろ》しい拷問がはじまりました。いちばんこわいのはバリという猛犬で、この血に餓《う》えた犬のために、はじめのわずか二、三日のうちに、どれくらいの人が死んでいったことでしょうか。

バリははじめは、バイデルという親衛隊員が連れていました。彼は第三収容所に属し、いわゆるシャワー室、つまりガス室の責任者でした。しかしそのうちに、バリの係はポールという親衛隊伍長《ウンターシャルフューラー》に移ったのです。このポールはキャンプきっての加虐症の一人です。彼は犬に、「バリ、おまえはおれの代理だ、この男を噛《か》め」とか、またたとえばユダヤ人の一人を指さして、「この犬に喰《く》いつけ」とかいいます。バリに飛びかかられて、助かったユダヤ人はほとんどありません。ドイツ人は病人でも怪我人でも容赦せず、みんな喰い殺させてしまうのです。私自身も、バリに二度咬《か》まれ、いまでもその傷は残っています。私が助かったのはまったくの幸運に、偶然によるもので……つまり何から何までが偶然のおかげで、私はこうして生きながらえているのです。ほかにもう一匹、犬がいましたが、この方はバリほどには獰猛《どうもう》ではありませんでした。バリは仔牛《こうし》ほどの大きさがあり、この犬に飛びかかられると、もうどうすることもできないのです。収容所にはムキ出しになった野外便所があり、バリはよくここのそばで私たちを待ちかまえていました。ですから私たちは労働のあと、ここに行くのがこわくて仕方がなかったものです。犬は便所のそばにいて、最初に来た男に猛然と飛びかかり、地面に倒し、殺してしまうのです。

話を最初の日にもどしましょう。みんなが仕事から帰ってきますと、すでに人数が朝にくらべて減っています。見おぼえのある顔がいません。仕事中、どんなふうだったか、それらの人びとがどう殺されていったかを、大人たちは私に話してきかせてくれました。間もなくこんどは、点呼をとるから集まれといわれました。ヴァーグナーという親衛隊伍長が来ました。彼ははじめは伍長でしたが終りころには親衛隊上級曹長《ハウプトシャルフユーラー》になっています。つまり私たちのところにいるあいだに、非常に早く出世したわけでしょう。彼が来て「貴様らはウクライナ行きだ。よく働けばよし、さもなくば殺すぞ」といいました。次にポールが出て来て、病気の者と、疲れて働きたくない者は列外に出てよろしい、といいます。このことばで何人かが列外に出ました。しかし大抵の者は動きません。それが何を意味するか、すでにわかっていたからです。列外に出た人たちも、自分たちの運命をやはり知ってはいました。けれどこの人たちは、もう生きるということ自体に、疲れてしまっていたのでした。

列外に出る者が少ないので、ポールはならんでいる私たちに近づいてきて、一人一人に申しました。「貴様《ドゥー》、どうして貴様は働きたいというんだ？　休んでいいのだぞ！」そういっては、相手を列からひきずり出します。こういうことが長いあいだかかってくりかえされ、十二、三人が、外に出されました。それから彼は、タラスという名のウクライナ兵に、「タラス、こいつらを検疫所《ラッアレット》に連れて行ってやれ」そういっておいて、こんどは私たちに向かって説明するのです。「貴様ら、検疫所《ラッアレット》を知っておるか？　いっぺんはいったら、二度と出てはこられないところだ。あいつらも静かになるだろうよ。もう働く必要はないんだからな。行きたいやつがいたら、だれでもいっしょにしてやるぞ」

これは到着した翌日の夜だけではありません。次の日もまた次の日も、同じことが同じ順序でくりかえされ、毎晩何人かが、検疫所《ラッアレット》に送りこまれてゆくのです。検疫所《ラッアレット》というのは、ガス室とは反対側の森の中にある建物で、すぐそばを鉄道が通っています。はじめのうち、輸送列車が到着しますと、……中には病人や途中で死んだ人たちが必ずいました。ところがそういう人たちを運搬するトロッコがありません。それで私たちはあとでトロッコをつくらせられたのですが、そんなわけで仕事が手まどり、輸送の妨げになるので、列車は便宜上、検疫所《ラッツアレット》の近くにとめられることになったのです。ですから私もその様子を知ることができたのですが、そこには小さな穴がたくさん掘ってあり、病人はそこで銃殺されることになっていました。列外に出された人たちも、ここに連れて行かれて、即座に銃殺です。

私はそのとき、一九四二年には、もう十五歳になっていましたが、身体はやせていて小さく、十歳ぐらいにしか見えませんでした。最初の夜、恐怖と疲労とでヘトヘトになり、泣いていますと、一人のユダヤ人が慰めてくれました。バラックは小さく、私たちは折重って寝るのです。あるグループは、うまく寝所を整理して寝ていましたが、私のところはそうではなく、小さい私は人の身体と身体の間に、文字どおりサンドウィッチのようになっていました。それを見て可哀想に思ってくれたのでしょう。「そんな姿勢でいたのでは、一日ももたない。私の上に寄りかかって寝るがいい」といってくれました。おかげで私は寝ることができたのです。

輸送列車は、次から次へと、毎日続々と到着しました。ポーランドから、チェコから、スロヴァキアから、オーストリア、ドイツから。一般的にいって、だれも何が前途に待ちかまえているかを知らず、漠然と何かを怖れてはいましたが、真実は、信じまいとしていました。ソビボールに着いてからのことは、いつも同じです。つまり汽車が着き、貨車が引込線に誘導され、全員ただちに下車。走らせられたあと男の組と女、子供の組に分けられ、それから鉄条網でかこまれた中庭に追いこまれます。ここにはシャワー室のことを書いた貼札《はりふだ》があり、道路にも、シャワー室の方向を示す標識や、箱の置場所を示す札が立っています。箱は中庭の隅の出口のそばにあって、出口のところには窓口のようなものもつくってありました。人びとがそこに集まりますと、ミッヒェルという親衛隊曹長が出てきます。私たちが演説家と綽名《あだな》をつけていた男で、彼は演説をぶつのが大好きなのです。列車が着くたびに彼は喋《しゃべ》りましたが、このころは同じことばかりいっていました。これから貴様らはウクライナに連れて行かれるだろう。仕事はつらいぞ。特別につくられた農場で働くのだ。しっかり働くんだ。——そうすると、よく質問が出ました。「女たちはどうなるのでしょう」彼は答えました。「もし楽に生きようと思ったら、女たちも働かなければならん」それからこういうのです。「貴様らこれから着物を脱げ、シャワーから帰ってきたとき、自分の着物をさがすのに手間どらんように、ちゃんと整理しておくんだぞ」疑う者はひとりもありませんでした。一同は着物を脱ぎ、身のまわり品を片づけ、お金や貴重品や証券を箱の中に入れます。もっとも大抵の場合、少なくともはじめのころは、人びとはお金や貴金属を砂の中に埋めました。もどってきたとき、わずかのお金でも手にはいるように、と思ったのです。それから彼らは、鉄条網のあいだのせまい入口を通りぬけ、三百メートルばかりを、行進して行くのです。時間があるときは、犠牲者は殺されるまえに鞭《むち》で打たれ、駆けまわらされました。鞭で打たれるか打たれないかは、要するに時間があるかないかの問題です。見るにたえぬ無残な光景でした。何が起ころうとしているか、考える暇を一時間でも犠牲者に与えない、というのがドイツ人のやりくちでした。もっともときには、慰みもののために特別に人数を残しておく、ということもありました。たとえば輸送されてきた犠牲者の、最後のグループが残されるのです。私たちは中庭の反対側にいて、中から起こってくるおそろしい物音や叫び声をききました。そのあと、彼らが脱ぎ棄てた着物をとりに、中庭にはいってゆきますと、地面は血の海です。

私はずいぶんいろいろな仕事をさせられました。大抵は倉庫で、犠牲者の衣服の整理でしたが、そのほか建築工場や、ウクライナ兵のバラックや私宅の掃除もやったものです。それからまた、しばらくのあいだは、床屋をしました。床屋、といういいかたが成り立つなら、のはなしですが。つまり、ガス室にはいるまえの囚人たちの髪を刈るのです。女の髪です。髪を刈られるのは、女たちだけにかぎられていました。私たちはその髪を袋につめ、倉庫にもって帰る。ドイツ人はそれを貨車に積んで、どこかにもってゆくのです。

私たちのグループは、はじめ百人か百五十人くらいいましたが、一か月たつかたたないかのうちに、五十人に減ってしまいました。いろいろなやり方で殺されたり、自殺した者も少なくはありません。発狂した人たちもあり、そういう者はすぐ銃殺されました。怪我人もすぐ銃殺です。私も自殺したいと思いました。私の親友が自殺した直後のことです。

こういうおそろしい状態の中でも、親友というものはできるものです。しかし彼は自殺し、ほかの人たちも次々に、一人、また一人と死んでゆきます。「彼も死んでいった」と私は考えました。いやそれは私だけではなく、だれもが考えたことではなかったでしょうか。「こうした中で、どうして生きていることがあるだろうか。確実に訪れてくる死を、いつまでも待つのか。苦痛をしのび、しかもある程度、ドイツ人たちに協力してさえいる。そんな生活なら、一刻もはやく断ちきってしまった方がマシではないか」だれもがそう考えましたが、しかしそれでいてなお、自殺の実行はむつかしかったのです。

私は一晩まんじりともせずに考え、そしてついに死のうときめました。私は立ち上がって帯をとりました。だがそこでまたもう一度、生と死とを秤《はかり》にかけてみたのです。自殺をするべきか、否《ノン》か。私は告白しなければなりません。人間というものは、ほんのちょっとした、あるかなきかの光にさえ希望をかけるものだと。私がいまもまだ死なないでいる以上、これからさきも生きられるかも知れないではないか。結局私は死ぬという考えを、決定的に捨てたのでした。私は、——私も一度、夜の点呼で検疫所《ラッアレット》に連れて行かれたことがあります。どうしてドイツ人が私を無事に帰してくれたのか、いまもってわからないのです。

＊

はじめのうちは、私たちは何が何だかわからず、怖しい光景にただオロオロしていたものでした。列車が新しい犠牲者を運んでくるたびに、私たちはみんな涙を流しました。食事など、とても喉《のど》には通りません。しかしそのうちに私たちは、ある程度ここの環境にも馴《な》れてきたのでした。汽車はときには、まるで散歩のかえりだとでもいうような、キチンとした身なりの人たちを運んでくることもあります。フランスから、オランダから、あらゆる国からの輸送列車が、毎日毎日陸続としてつづき、私は世界中の人びとがここに流れこんでくるような気持になりました。私たちは環境にある程度馴れてしまったのです。それにまた新来の犠牲者たちは、いつでも「古参」より辛い目にあわされたということも、いっておかなければならないでしょう。「古参」はだんだんに楽な仕事をあてがわれるようになったので、たとえば私自身について申しますと、私は一時ウクライナ人の家の掃除にまわされました。このときは助かりました。私はなぐられるだけなのです。それさえ我慢すればよい。ともかく少なくとも、絶滅の仕事を手伝わなくてすむのですから。希望が少し湧いてきました。毎日、到着する列車の人たちは、私たちにむかって、恨みを晴らしてくれ、と叫びます。オーケストラは毎日演奏し、そして私たちはあいかわらず生きています。そのことが私たちに、かすかな希望をあたえました。私たちのうちだれかは、もしかすると最後まで生きのびられるのではないだろうか。

オーケストラは列車が着いたときと、犠牲者がガス室に送りこまれるとき、中庭で演奏しています。またドイツ人が夕方そこに来て、演奏を命じ、ダンスを踊ることもありました。彼らは私たちにも踊れといいます。私たちは歌もうたわされました。仕事が朝早くか、あるいは真夜中からはじまっているのに、翌日の真夜中になってようやく終ったときなど、ドイツ人が来て罰《ばつ》として歌をうたえといいます。大抵は三時間も四時間も、うたわせられるのです。うまくうたえないとなぐられ、それからまたうたいなおしです。

親衛隊少尉《ウンターシュトルムフューラー》のヴァイスという男が、ある日仕事のおわったあと、私たちのところに来て、私たちを点呼場に集合させ、貴様らのために讃美歌《さんびか》をつくってやった、うたえ、といいました。彼は歌詞を読み、次にフシを教えました。ドイツ語の反セム族の歌です。私はいまでも、その歌詞をところどころおぼえています。片一方のは身振りがついていて、うたいながら跪《ひざまず》かなくてはならない。それを何時間もつづけるのです。私は終りの方しか思い出せませんが、お教えしましょうか。聖書のモーゼの奇蹟《きせき》をモジったものです。モーゼよ、どうか私たちをあの者たちにお委《ゆだ》ね下さい。あなたと誓いをともにするあの人たちに。もしあなたがもう一度、波立つ海原を二つに分けるなら、その波の柱の上に。水は柱の石の壁のように。そしてそのせまい通路に、ユダヤ人が全部埋められてしまいますように。それで水がもとどおりに閉じ、ユダヤ人がいなくなれば、世の人たちにはやっと平和が、訪れるでしょう。エルサレム、ハレルヤ、アーメン。

これを私たちユダヤ人が、跪いて祈りながらうたうのです。それからもう一つは、これも終りの行しかおぼえていないのですが、もう少し陽気な歌でした。「おれはイスラエルの子孫、チェッ、正直が何だい？　おれはイスラエルの子孫、おれはユダヤ人、おれはユダヤ人でいたいんだ」

しかし歌を三時間も四時間もうたうということや、ただ鞭でなぐる程度ならまだいい方で、拷問のものすごさは、とうてい筆舌にはつくせないものでした。今日ではおききになっても、ちょっと信じにくいのではないかと思います。たとえばある日の午後、起こったことをお話ししましょう。

その日私は倉庫で整理の仕事をしていました。荷物をうけとって分類、整理するのです。ポールが私たちの監督でしたが、どういうわけか、その倉庫の屋根と大梁《おおはり》の間にこうもり傘がひっかかっていました。ポールはそれを見て一人の少年に、行っておろして来いといいました。屋根組みは非常に高かったので、傘のあるところまでは地上から、七、八メートルあります。少年は一本の梁にひっかかったまま、それ以上登ることも降りることもできなくなり、しまいにその高さから落ちてしまいました。彼はもちろん足の骨を折ったでしょう。しかし彼は落ちたことのために、鞭で二十五回打たれ、次に犬のバリをケシかけられました。

ポールはこれで大喜びです。彼はほかのドイツ人たちを呼びに行き、ニコニコしながらいったものでした。「おい、俺はユダヤ人の落下傘部隊をみつけたんだ。見たくないか？」ドイツ人は大笑いしました。若い男が次々に梁によじのぼるよう命じられます。私は幸いに敏《びん》捷《しょう》でしたので、二回のぼらせられ、二回とも成功しましたが、年寄りや敏捷でない人たちはうまくのぼれません。落ちた者は鞭で打たれ、犬をケシかけられるのです。

ポールは次第に興奮してきて、しまいには銃をとってそこらのユダヤ人をねらい撃ちしはじめました。それから彼は、また新しい遊戯を考えつきました。倉庫には鼠《ねずみ》がいっぱいいます。彼は五人のユダヤ人に外に出て行けといい、残りは倉庫の中で鼠をつかまえるのだ、と申しました。「一人あたり、二匹ずつ捕えなければいかん。できなかったやつは、その場で銃殺だ！」これはほかの難題にくらべれば、そうむつかしいことではありませんでした。なぜなら鼠はたくさんいたからです。ポールは裁縫係のユダヤ人たちに、ズボンを下げるんだ、といい、次に私たちに向かって、貴様ら、つかまえた鼠をあいつらのズボンの中に入れろ、と命じました。彼らはそれでも、じっと立っていなくてはなりません。我慢できないで身動きした男は、撃たれるのです。彼らは鼠をズボンの下に入れられたまま、身動きもせずに立っていました。

イヴァン雷帝とポールや彼の同僚が呼んでいたユダヤ人がいました。彼らはこの男の鬚《ひげ》を片がわだけ、頭を片がわ半分だけ、それにあごひげも半分だけ、剃《そ》ってしまいました。ユダヤ人の床屋が、命令をうけてこうしたので、ドイツ人は毎日、だれかをこういう目にあわせていました。イヴァンはおそろしい拷問にあい、鞭うたれて悲鳴をあげていたのを、私は何度も見ています。しかし彼は結局耐えぬき、たびたびの拷問にも生きぬいていました。そのイヴァンにこんなことが起こったのです。

同じ倉庫の片すみに、あらゆる種類の薬品を納めた箱があります。ミッヒェルがそこに行って、何の薬だかよく知りませんが薬をとってきて、イヴァンに飲めと申しました。イヴァンは仕方なくそれを飲みました。見る見るうちに顔の色が変り、彼は昏倒《こんとう》しました。ドイツ人は息絶えた彼の身体を鞭でうちましたが、もう何の反応もありません。彼らは私たちに、板をもってこい、屍体《したい》をのせてみんなでかつぐんだ、といいます。私たちは硬直した屍体をのせた板を、ちょうど柩《ひつぎ》のようにかつぎあげ、葬送のうたをうたいながら行進させられたのでした。この日はこんなふうにして暮れました。倉庫で犬に咬み殺されたり、銃殺されたりして死んだ人数は、イヴァンをいれて七人くらいです。

犬といえば、彼らは私たちに、四つん這《ば》いになって歩け、吠《ほ》えろ、とも申しました。「四つ足で走りまわり、まえの男のズボンをつかまえるんだ」一方はつかまえられないように逃げなくてはなりません。まあしかしこんなことは、子供らしい遊びだと思えばすんだことでしたが。

ある日収容所に、ヒムラーが来ました。私がウクライナ兵のところで働いていたときのことです。ヒムラーがくるという噂《うわさ》は、その二週間くらいまえからあり、収容所はすみずみまできれいに掃除されました。収容所で働いているユダヤ人は、その日は労働は中止すること、指定された場所を絶対に離れてはならないこと、という命令が出ました。しかし私と私の仲間は例外で、いつものとおり掃除に行かされることになっていました。ですから私は、ヒムラーの姿を見ることができたのです。こういう査閲が行なわれたのは、たぶんそれがはじめてだったでしょう。一行は何百人もいたように思いますが、これは私が大袈裟《おおげさ》に考えすぎているのかも知れません。ともかく高官たちが到着し、その中央にヒムラーがいました。なぜわかったかとおっしゃるのですか。来るのがヒムラーだということは、親衛隊員が喋っていたので、だれでも知っていましたし、まわりのドイツ人が、みんなその男にうやうやしい態度をとっていたので、すぐにああ、あれか、とわかったのです。

彼ら一行は、まっすぐに第三収容所に行きました。このときは輸送列車がぜんぜん来なかった時期で、収容所の改良、拡大をした直後のことです。第三収容所には、ユダヤ人の女たちがいれられていました。彼女らは、この査察のときに、全員、ガス室に連れこまれたので、ヒムラーたちは、その様子を見に行ったのでした。もっとも私自身は第三収容所にいたわけではありませんから、そこで起こったことを直接見てはいません。現場にいあわせた人たちに、あとできいた話です。

ヒムラーが来たのはこのとき一回だけでした。ですが、視察にはよく飛行機がきました。乗ってきたのは、名前は知らないのですが、褐色の制服を着た小男です。彼は収容所内に着陸し、降りるとすぐ第三収容所に行きます。第二収容所にちょっと顔を見せ、中を視察してゆくこともありました。

輸送列車は、朝から夜中まで、ひっきりなしに来る日もありましたし、ときには少ないこともありました。真夜中、貨車をひく機関車の音をきく日もあるのです。毎週木曜日には必ずオランダからの輸送列車が来ていました。ユダヤ人ばかりではなく、ジプシーの列車を見たこともあります。おそろしかったのは、精神病患者をのせた列車でした。ドイツ人は彼らを拷問しました。まったく身の毛のよだつ光景です。なにしろ相手は精神病患者ですから。

患者たちはぐるぐると円をえがいて駆けまわったり、ニヤニヤ笑ったりしていました。ドイツ人は彼らをさんざん嘲弄《ちょうろう》してから射殺しました。オランダからは病院が、院長、看護婦までふくめて、そっくりぜんぶ来たことがあります。ビアリシュトック（編者註。ポーランド名ビヤウィストクのこと）からの輸送列車は、到着したときにすでに半数以上が死んでいました。

ビアリシュトック列車については、あんな例は私は見たことがありません。列車のまわりには数百、もしかすると千人以上の親衛隊員とウクライナ兵がいて、警戒の任にあたっていました。貨車は壊れ、内部の人は半分しか生き残っていないのです。裸の者、血まみれの負傷者が、屍体にまざってうごめいています。やがてドイツ人は、生存者を、別の中庭に導こうとしました。叫び声がきこえましたが、彼らが命令に応じないつもりでいることが私たちにはわかりました。動こうともしないのです。警備の人数がふやされ、機関銃手が位置につきます。機関銃が火を吹いて、一部の人びとが倒れ、ほかの人たちはようやく少し動きはじめました。その人たちが中庭にはいりますと、ミッヒェルが出て行って、「静まれ、静まれ！」とどなりました。この声は不思議に功を奏し、ユダヤ人は奇蹟のようにだまって、ミッヒェルに話をさせたものです。

「貴様らみんな死にたいんだな。よろしい、それはよくわかっている。だがそんなことをしても何もならんぞ。貴様らはまだまだ、働かなくてはならんのだ」

　彼は権威をもって、まるで預言者《よげんしゃ》のように演説しました。そしてその態度が、人びとを信用させたのでしょう。犠牲者たちは総員着物を脱ぎ、ガス室の方へと進んで行ったのです。けれどそのあと、とおくからまた彼らの叫び声がきこえてきたところを見ると、彼の影響力もほんの一時期のものだったのかも知れません。ユダヤ人はガス室にはいろうとせず、少なからぬ人数を、ドイツ人は路上で殺したのだろうと思います。

　親衛隊員の中にも、一人だけ、こういう仕事をいやがっている男がいました。その男のことをお話ししましょうか。私は当時、ガス室に老人や病人をまっすぐに運ぶための、トロッコ用の、せまいレールの敷設工事をさせられていました。ここにはゲッチンガーという名前の怖しいサディストがいて、多勢の囚人を、ハンマーでなぐり殺すのです。ところがある日、私が仕事に行きますと、シュヴァルツという親衛隊少尉《ウンターシュトルムフューラー》が立っていました。たしかシュヴァルツという名前だったと思います。私たちは一般に、はじめて会う親衛隊員を非常におそれていました。顔見知りのＳＳもこわいのですが、知らないＳＳは、もっとこわいのです。おまけに彼は、将校ではありませんか。私はたくさんの石をかかえて、走り出しました。するとその男は私を呼びとめ、いうのです。

「おまえは気でも狂ったのか？　なぜそんなにたくさんの石を、一どきに運ぼうとする？」

私はかかえている石のうち、一つを棄てました。見せかけの親切に、うっかりひっかかったら、あとが怖しい、と思ったからです。しかし彼は、私のもっている石の多くを、とって棄ててしまい、それから申しました。

「よくきけ。時間は充分にある。走ったりしてはいけない。ゆっくり歩いてかまわんのだ」

私はこうしてその日一日を働き、夕方バラックに帰って仲間にこの話をしました。その結果、話は伝説化されたのです。親衛隊員にも人間的な態度を見せる男がいる。そのことを人びとは話しあい、耳に口をよせて囁《ささや》きあいました。はじめのうちは、信じない者もいたのですが、そのうちにみんなもその将校と顔をあわせるようになりました。彼はときには私たちに近づいてきて、やさしいことばをかけたりしましたし、私たちをなぐるようなことは、決してしませんでした。彼が収容所にいたのは一か月あまりだったでしょう。一か月と少したってから、ある日彼は、私たちのバラックにはいってきました。「おれはここにくるときに、自分がどこに赴任させられるのか知らなかったのだ」と彼は申しました。

「事実を知ってから、おれは転任願を出した。もうきみらともお別れだ」

彼は私たち一人一人の手をしっかりと握りしめ、全員生き残ることを祈る、といって、収容所を去って行きました。これは私が出会った唯一の、例外的な例です。もう一人、やはりやさしい親衛隊員がいたそうで、これは老人の医者だときいていましたが、しかし私自身は、彼と接触する機会はありませんでした。一般の親衛隊員は、命令どおりに動いていました。あるいは命令にそむいてまでひどいことをしていた、というべきだと思います。というのは、もし彼らが命令の実行だけに忠実であったなら、彼らは私たち全員を殺していたはずで、よけいなあんな拷問は、しないでもよかった。拷問は仕事のさまたげとなるばかりでした。ですから親衛隊員の一人は、そのために転任を命じられた、ということです。

たとえば命令によれば、あらゆるユダヤ人は死の最後の瞬間まで、自分たちの運命を知らされてはならない、ユダヤ人をだましておかなければならない、ということになっていたと思います。シャワー室の偽装をはじめ、あらゆるごまかしは、そのためでしょう。汽車が着きますと、ユダヤ人は食物をあたえられ、家族宛の手紙を書くようにと、鉛筆と紙をまで、あたえられるのです。それくらいですから、ミッヒエルの演説のあとでは、ときどき拍手の起こることとさえありました。ところが一方ではひどい拷問、虐待があるのですから、これは矛盾というほかありません。ドイツ人たちは、ちょっとたのしみたかったというわけです。彼らはよく酒を飲んでいました。たとえばポールは、ほとんどつねに、酔っていました。

輸送列車のうちで、もう一つ忘れられないのがあります。マイダネックの収容所から来た列車です。縞《しま》の囚人服をきた人びとが満載されていましたが、全員まるで骸骨《がいこつ》です。

その日、たまたまガス室に故障があり、停っていました。彼らは地上で一晩を明かさせられることになりました。みんな地面に倒れて、身動きもしません。ドイツ人は彼らを例によってなぐり、なぐられると彼らは溜息《ためいき》をつきます。それだけなのです。私たちは彼らのために食物を運びました。文字どおり重なりあって横たわっている人びとの中から、起き上がれる者だけが起きて、同胞の身体の上を踏みこえ、一片のパンをもらうためによろよろと歩いてきます。翌朝、彼らはガス室につれて行かれ、そのあと、地上には、何百という屍体が残されました。同胞の手でガス室まで、瀕死《ひんし》の身体をひきずって行かれた人びともいます。このとき親衛隊少尉《ウンターシュトルムフューラー》のフランツェルが来て、二十人の作業班をえらび出しました。私もその中の一人です。彼はその場に累々《るいるい》と横たわる屍体を指さして、こういいました。

「貴様ら、こわがることはない。まず裸になるんだ。それからこの屍体を、トロッコのところまでひきずって行け！」

トロッコまでは百五十メートルくらいあります。裸の皮膚の上に、屍体をじかにかつぐときの気持がどんなものか、ちょっと口にはいいあらわせません。急げ、といってドイツ兵の鞭はひっきりなしに降ってきます。屍体のそばにかけつけ、両足をつかみ、ひきずってゆくのです。その日は暑い日でした。私は急にあたりのドイツ兵の姿が見えなくなったことに気がつきました。そこでひと息いれるために、立ちどまって、屍体を放りだしました。すると、その屍体は、――私が死んだとばかり思いこんでいたその「屍体」が、――坐《すわ》って、口をきいたのです。まだ遠いのか？　と弱々しい声で、「屍体」は私にききました。それはたぶん、彼に残っていた最後の力だったのでしょう。もうこれ以上、私には我慢することができない。彼をひきずるなどということはできませんでした。私は彼を立たせ、その腕をとり、頸《くび》のまわりにまきつけさせて、彼といっしょに歩きはじめました。しかし私自身も非常に弱っていましたから、長くは歩けません。そして突然私は、背中にはげしい衝撃を感じました。フランツェルです。彼は私を殴打《おうだ》し、私は屍体を棄てました。フランツェルはそれをもう一度、私の背中にのせ、私はそれをトロッコまで運んだのです。

私が自殺を思いとどまり、生きる決心をしたのは、まえにも申しましたように、収容所の生活に馴れたことが大きな理由ですが、そのほかに、もう一つの原因がありました。それは、ここに起こっていることを世界の人びとに告げたい、ということです。私たちは決心しました。反抗しなければならない。反抗して脱走しよう。たとえどんなに困難であろうと、不可能ではないはずだ。私たちの仲間には、次第に兄弟のような愛情が育ち、仲間は互いによく助けあっていました。たとえば私はティフスにかかりました。不思議に思われるでしょうが、私はドイツ兵に気づかれないうちに、病気をなおしてしまったのです。私たちの生命など、そのころは何の価値もありません。私たち自身、自分たちの生命にたいして無感覚になっていました。しかしそれでも私たちは、お金や煙草を盗めるような職場で働けば、毎日何のためらいもなく、盗んできましたし、だれかが身体の具合がわるいと知れば、必ず助けました。病気ということを知られたら、即座に射殺される、ということがわかっていたからです。

脱走の計画は何度もありました。はじめのころ、二人のユダヤ人が収容所からの脱走に成功したことがありますが、このときは、報復措置として、一団のユダヤ人が銃殺されました。集団的な責任をとらせているわけで、そうなれば全員そろって、逃げることを考えなければなりません。私たちはこういう計画をたてたのです。はじめにひとりの若者が倉庫にはいりこんで、揮発油を盗み出し、収容所に火をかける。火事だということでドイツ人が騒ぎ出し、消火に走りまわっている間に脱走しよう。――しかしこの計画は、いよいよというときになって駄目になってしまいました。決行ときめられた夜、私たちは仲間の全員に計画を話さなければならなかったのですが、そのとき二人、反対者が出ました。一人はもしそんなことをするというなら、ドイツ人に密告するというのです。「まだ二、三週間は生きられるかも知れない。そうだとすれば、今日ムザムザと死にとびこんでゆくのはご免だ」計画は放棄しなければなりませんでした。

二番目の脱走計画は、オランダ軍の大尉だったユダヤ人の手で樹《た》てられました。このころウクライナ兵で、パルティザンのいろいろな話をする連中がいて、私たちは次第に彼らを信用し、彼らなら大丈夫、理解しあえると考えるようになっていました。大尉と彼らの間で諒《りょう》解《かい》が成立ち、彼らは計画を立案したのです。ところがそのウクライナ人の一人が密告したのでしょう。ある夜、点呼のときに大尉は呼び出され、訊問《じんもん》をうけました。「叛乱《はんらん》の指導者はだれなのか？　逃げたがっているのはどの男か？」大尉はよく拷問に耐えました。たえまなくなぐられながらも、計画は私が樹てたのだ、私ひとりだ、と頑張りつづけます。それ以外のことは一切、口にしません。ドイツ人はいいました。「もし貴様がいわないのなら、貴様といっしょに来たオランダ・ユダヤ人のバラックにいる者も全部、第三収容所に送りこんで、首をはねるぞ」

どっちみちあなたがたは、と大尉はいいました。「やりたいことをやるだろう。しかし私からは、何もひき出すことはできない」オランダ・ユダヤ人バラックの全員を、第三収容所に送れ、という命令が出ました。約五十人です。翌日、ドイツ人はいったとおりのことをしました。全員の首を斬ったのです。これには証人があります。いまは外国にいるのですが、その男が戦後ノヴァックというドイツ人の家に行き、オランダ人が首をはねられているときの多数の写真を、見つけ出したのでした。

そのほか計画はいくどもありました。ひまさえあれば脱走の計画を考えていたものです。怖かったからではありません。あのときの感情を、恐怖と呼ぶのはあたっていないでしょう。どういったらいいか、私にもよくわかりません。ともかく、蜂起《ほうき》は一九四三年十月十四日に起こりました。そのとき外に出られたのは、散ってしまいましたから正確にはいえませんが、三百人程度ではなかったかと思います。収容所で使役されていた人数は六、七百人でして、ほぼ半分が殺され、半分が一応は逃げたことになります。しかしドイツ軍は、その地方にいた軍隊ぜんぶを動員し、飛行機まで駆り出して、捜査にあたりました。私は脱走に成功してからあと、何週間も森の中にかくれていました。私たちは戦争がおわってから、ルブリンの町に集まる約束でした。集まったのは三十何人です。結局生きのびることができたのは、三十何人ということになるのでしょう。

私がソビボールにいたのは、一九四二年の五月から、四三年の十月まで、十七か月です。その間、毎日何百何千というユダヤ人が、屠所《としょ》に引かれてゆくのを見ました。殺された人数が総計どのくらいに達するか、私にはもちろんわかりません。しかし収容所できかされた話や、その後きいたことを総合すると、百万にも達するのではないかと思います。収容所は、蜂起のあと、ドイツ軍の手で破壊されました。

第二部　殺戮者の肖像

二千年の過去を通じて、ユダヤ民族ほど、大きな変遷をへてきた民族があるだろうか。しかもこれほどつねに、人間最大の災厄の中から、ふたたびもとの姿で立ちあらわれてきた民族があるだろうか。

――アドルフ・ヒトラー――

青年

リンツはオーストリアの、ドイツとの国境に近い山の中の盆地にある静かな町である。人口は十七、八万で、ザルツブルクより少し大きい。町の中をドナウ川が流れ、ヒトラーはこの故郷の市の河畔《かはん》に、美しい美術館を建てることを夢みていた。ドイツ第三帝国崩壊の前夜、ヴィルヘルム街《シュトラーセ》の総統官邸防空壕《ぼうくうごう》にとじこもっていたころの独裁者は、砲爆撃の下で、そんなことばかり考えて憂《う》さを晴らしていたらしい。美術館建設の夢想は、その遺書の中にも見えるのである。

「長年にわたって私が買いいれてきた蒐集品《しゅうしゅうひん》のうち、絵画は、私的な目的のために集めたものでは決してなかった。故郷の町、ドナウ河畔のリンツに、美術館を建てたいというのが私の念願だったのである」

リンツはヒトラーを育てたことによって、その名をひろく世界に知られた。この街にはユダヤ人はほとんどその影をみず、ヒトラーは『わが闘争』によれば、ヴィーンに出てはじめてユダヤ人の問題を意識したという。しかしこのユダヤ人の少ない静かな地方都市は、その後さらにもう一人のユダヤ人の敵を、育てることになった。その男――ヒトラーと同じ洗礼名をもった人物――が、父母につれられてこの町にきたのは、一九一四年、第一次大戦がはじまったときのことである。

一九三二年の夏のころ、リンツにあるナチ党本部、通称「褐色の家」に、毎週金曜日だけ宿直勤務にくる一人の青年がいた。ドイツ生まれといい、背丈はいかにもゲルマン民族らしくすらりとしていて、大きな眼もとはいつも快活にほほえんでいる。美青年は、金曜日一日をこの家で執務し、夜は藁《わら》をいれたマットの上で眠って、土曜日の朝早く、家にかえってゆく。褐色の家は一階が酒場になっていて、青年は僚友たちにここで酒や煙草をおごってやっていたから、仲間のうけもよかった。むろん彼としても、そのことを計算にいれての散財で、とくに彼だけがひとよりも金まわりがいいというわけはなかった。

青年は、土曜日の朝は早く起きて、一度帰宅し、入浴してから、勤務先であるヴァキューム石油会社に行かなければならない。ナチに入党したのは四月である。入党のとき、あることで入党をすすめた旧《ふる》いつきあいの先輩を怒らせたことがあった。彼がまえに一度、石油会社の上役といっしょに、歓楽境《シュララフィア》（編者註。ドイツのおとぎ話に出てくる美食家の理想境が名の由来）という秘密組織の会合に行ったことを話したためだった。そんなのはユダヤ人の秘密結社《フリーメーソン》だ、とその友人、カルテンブルンナーはいった。しかし歓楽境《シュララフィア》は、フリーメーソンではないだろう。入会するときには、剝製《はくせい》のみみずくをもってきて、その前で腕を十字に組み、一種の「誓い」をたてなければならない。馬鹿馬鹿しい遊戯だ。が、それは要するに遊戯であって、政治などには何の関係もない親睦《しんぼく》団体だったのである。

あんな会合に出たのも、いまこの褐色の家で、同僚に酒や煙草をふるまっているのと同じことだったのに、と青年は考える。自分はべつにとくに行きたかったわけではない。ただ上役のネストロが、いっしょに行ってみないかといい、このさい上役の誘いを断っては損だと思ったので、もう一人のセールスマンといっしょについていったにすぎない。ネストロは気軽に誘ったのだ。「行ってみないか、作家のフランツ・レーズルも来ているよ」

かえりに例によって、みんなを酒に誘ったために、一同の顰蹙《ひんしゅく》を買ってしまった。歓楽境の住人たちがピューリタンだとは、知らなかったのである。おかげでそれを最後として、ぷっつり会に呼ばれなくなったのは、ナチの手前はいいとしても、やはり気まずいことだった。

それに一回でも行ったことで、ナチスのカルテンブルンナーのご機嫌を損じてしまったのはもっとまずかったと、アドルフはしばしば藁の上で汚い天井を仰ぎながら思う。交友関係の失敗は、彼の記憶に棘《とげ》として残る。この小心な男は後年数百万のユダヤ人を地獄に送った責任者として捕えられてからのちも、驚いたことになおその口述のなかで、三十年まえのこの事件についてくどくどと述べているのである。

アドルフのそれまでの生活は、その快活そうな表情とは裏腹に、決して楽なものではなかった。生まれたのはドイツの刃物で有名な町、ゾリンゲンである。父アドルフ・カールは、はじめゾリンゲンの市電の簿記係をつとめていた。一九一三年、父はリンツに新しい職をみつけて移転し、家族もその翌年、アドルフ八歳の年にここに移ることになる。こんどの父の仕事はまえとはちがって市電の営業主任であり、収入もふえ、家も借家ながらリンツの中心近く、ビショッフ街《シュトラーセ》三番地にあった。しかし不幸は引越しの翌々年に、母のマリアが病《びょう》歿《ぼっ》したことだった。あとにはアドルフをかしらに五人の子供たちが残された。アドルフ、ときに十歳だった。

アドルフは父の二度目の結婚式のことをおぼえている。父は一九一八年、第一次大戦の最後の年に、二度目の母となる新しい妻を迎え、リンツ郊外の教会で、盛大な式をあげた。オルガンと聖歌隊の会場は美しく、花嫁の白衣姿は、子供の心にもしみとおって、アドルフは新しい幸福がこの白衣とともに訪れるような胸のときめきを感じた。

新しいお母さんがくる、うれしいだろう、と知合いの大人たちは少年アドルフにいい、父もまたそういうことをいった。しかしいざいっしょにくらしてみると、彼にはこの母とどうしてもなじめないのだ。彼女は熱心な新教徒の家に育った女で、最初の日曜日から、子供たちぜんぶをひきつれて教会に行った。何回目かのとき、アドルフはあいにく熱を出していて、今日はお腹のぐあいがわるいから、休みたいといった。

「いけません」

「でも……」

「でもではありません。お腹ぐらい何ですか?」

アドルフはそのときの母の眼を忘れることができない。冷たい眼に宿っていたのは、憎悪の光である。「はい、お母さん」とアドルフはいった。父は部屋の向こうのすみで、こちらに横顔を向けてパイプの掃除をしていた。やがて彼は立ち上がって、

「アドルフ、仕度はいいのか?」

父はリンツの信徒会の会長になった。アドルフは両親のいいつけで、教会の篤信少年団にはいった。少年団はヴァンダーフォーゲルの組織になっていて、方々に旅行するのはたのしかったし、団員には軍人の子供が多かったから、彼らから戦争の話をきくのも面白かった。

弟や妹についてはは、アドルフは弟や妹がどんなことをして暮らしていたか、あまりよく知らない。いつか一度、兄弟が一室に集まって談笑していたとき、母がひどく不機嫌な顔ではいってきたことをおぼえている。妹のイルムガルトとか、その下の末弟、オットーとなると、アドルフにはろくに話をした記憶さえないのである。

父の結婚の年は、敗戦と革命の年だった。苦しい戦いは一九一八年についに革命を誘発し、ハプスブルク王家は追放され、オーストリア・ハンガリー帝国は解体する。ハンガリーには、ソヴィエト政権が樹立された。オーストリアでは、ドイツ系二百名の議員が集まって、ドイツ系オーストリア共和国の成立を宣言した。しかしハプスブルク家の去ったあと、ヴィーンの首府としての権威は地におち、地方では分離・独立の動きが絶えまなく起こる。またドイツの革命とハンガリーでのボリシェヴィスムの成功とは、政府首脳に恐怖感を抱かせ、ヴィーンはボリシェヴィスムの弾圧にのり出す。静かなリンツの街にもしばしば騒乱が起こり、当時すでにカイゼル・フランツ・ヨセフ中等学校にすすんでいたアドルフは、授業中、窓の外に銃声や、デモ隊の叫喚《きょうかん》をきいた。

共和国立国直後の選挙では、社民党が六十九議席を占め（第二党、キリスト教社会党は六十三、ドイツ民族党は二十六）第一党となった。しかし次の二〇年の選挙では、保守系のキリスト教社会党が進出して八十二議席をとり、社民党政権に終止符をうつ。キリスト教社会党は、名前は社会党だが、党員には帝政時代の将校、下士官が多く、実質上は伝統主義的色彩が濃厚だった。アドルフの父は、政治には無関心の方だったが、信徒会の会長をつとめていたほどだから、もちろんキリスト教社会党には好意をもっていた。

オーストリアはカトリックの庇護者《ひごしゃ》で神聖ローマ帝国の皇帝の家、ハプスブルク家のお膝元《ひざもと》だから、カトリックが当然つよい国である。リンツの学校でも、そうだった。ところがアドルフの家はプロテスタントの信徒会の代表だから、いわば「異端者」の総元締ということになる。アドルフはその子供だから、学校でも白い眼で見られがちだった。

学校でも家庭でも、アドルフは次第に周囲に期待を抱かないことを、冷たい心で対することをおぼえる。新しい母の眼と社会が中学生のアドルフに早くも「人生」を教えたのである。四年間の中学時代の友人たちの名さえ、彼はおぼえていない。一人はたしかシュペックという、もう一人はヴァグナーといったような気がする、と後年彼はいっている。クラスにたった一人いた女の子で、組中の憧《あこが》れの的《まと》になっていた美少女シュピーゲル嬢と、それからもう一人、フリードリッヒ・フォン・シュミットという学友の顔だけが、脳裡《のうり》に例外的にやきついている。フリードリッヒは将軍の息子で、母親は帝政期の伯爵の娘だった。

シュミット将軍は少しまえに死んでいて、彼は友人の父であるそのひとには、会ったことがない。しかしフリードリッヒのいうところでは、フォン・シュミット将軍は謹厳な軍人であり、ボスニア地方に勤務していた。シュミット一家がこの父を誇りとすること、まったく異常なもので、彼らは敗戦と革命ののちも、まるで世の中はちっとも変っていない、とでもいうように、格式ばった暮らし方をしていた。「おれのところは化物屋敷《ばけもの》さ」とフリードリッヒはよくアドルフにいったものだ。「おやじがあんまり偉かったものだから、死んでもみんな、その亡霊にとっつかれている。おふくろ？　あれもつまり過去の化物さ」

そんなことをいうフリードリッヒ自身、過去の亡霊にとりつかれていなかったとはいえない。しかし若いだけに、さすがに彼は、旧態依然としたうつろな格式の中に、とじこもっていることはできなかった。玄関をはいるとハプスブルク家がプーンとにおうような彼の家。世間から孤絶した別世界のようなその家の中で、誇り高い少年は孤独であり、それだからこそ私たちは、たちまち理解しあったのだ、とアドルフは思う。アドルフの継母《ままはは》は子供より十字架に夢中だったし、フリードリッヒの母は、過去の「貴族《フォン》」の夢に生きていた。少年はしばしば動物のような嗅覚《きゅうかく》をもって、自分と似た心をさぐりあて、その孤独を暖めあうものである。

敗戦によって国土を分解されたオーストリアは、当時まさに疲弊のどん底にあった。共和国を発足させたドイツ系の議員たちは、オーストリア共和国を、やがてドイツと統合されるべきものと考え、一般にも国はその統合によってこそ、苦境を脱することができると思われていた。しかし一九一九年のサン・ジェルマン条約は、連合国の承認なしにオーストリアがドイツと統合することを拒否する。事実上、合併は禁じられたわけであり、のみならず同じ条約は、賠償金のほかにボヘミア・モラヴィアのドイツ語地方の、チェコスロヴァキアへの割譲を規定していた。そのかわりオーストリアには、ハンガリーとの国境に近いドイツ語地方が与えられるはずだったが、これもイザコザのすえ、結局人民投票ということになり、一部分はハンガリー編入、ということになった。そしてこうした状況が、オーストリアの政治に何をもたらすかは、あまりにも明らかであるといわねばならない。

国力が弱まり国が同一性《アイデンティティ》を失えば、国内は党派とイデオロギーとの戦場になる。いまの日本は、その意味で当時のオーストリアにいくらか似ているであろう。一方では、ドイツとの併合への情熱が、汎《はん》ゲルマン的民族主義の火が、この国には燃えさかってゆく。

アドルフの学校にも、そのころいろいろな政治的党派のグループが存在した。グループはそのままつきあいの仲間であり、つまり生徒はどれかの「党派」に属さなければならない。家の古くささに業《ごう》を煮やしていたフリードリッヒは、ドイツ・オーストリアの統合をスローガンとする民族主義グループ、「青年戦闘同盟」にはいり、アドルフにも誘いをかけた。「きみもはいらないか」孤独なアドルフとしては、ことわる理由はなさそうだった。だいいち彼はドイツ生まれである。これがアドルフにとっての、政治への第一歩だった。

カイゼル・フランツ・ヨセフ校を一九二一年に卒業したアドルフは、当時の学校制度によって一年間、下級専門学校で学んだのち、国立工業専門学校にはいった。しかしここにいたのは二年間で、四学期を卒《お》えたとき、彼は父に呼ばれ、だしぬけに学校をやめなさいといわれた。

「おまえには気の毒だが、働いてもらわなければならん」

「はい、お父さん」

「私はそういつまでも働いていられるわけではない。そこでおまえたちの将来のことも考えて、こんどザルツブルクの近くに、鉱山会社をはじめることにした。場所は」と父はいった。ドイツとの国境に近い山の中で、油頁岩《ゆけつがん》を掘る。頁岩は油がとれるし、それにマンガンも豊富に出るはずだ。「有望な山だから、出資額の五十一パーセントを、私がもつことにした。それでおまえには、私のいわば代理として、山に働きに行ってもらいたい」

「はい」

「むろん行ってくれるな」

「はい、お父さん」とアドルフは、そばにいる母の眼を意識しながらいった。「どっちみち、ぼくはこの家にはいない方がいいと思いますから」

「アドルフ、何をいうのです！」と母がいった。そらきた、とアドルフは思った。父はだまっていた。それから、

「おまえは何を考えているか知らんが、これは子供たちみんなのためなのだ。それにおまえも専門学校にまではいった。途中でやめるのは可哀想だが、ちょうどいい実地勉強にもなるだろう」

「はい、お父さん」

母がドアをバタンと叩《たた》きつけて出て行った。アドルフは自分が高等教育をうける望みを絶たれたことを知った。


鉱山といっても規模は小さく、坑道はいちばん大きいのが長さ三百メートル程度である。従業員は坑夫、事務員をあわせて十人くらいだった。坑夫長はフューレンシュスといい、アドルフは最初に行った日に、よろしくねがいますと挨拶《あいさつ》した。

はじめの話では、頁岩のほかにマンガン鉱がたくさんとれるというふれこみだったが、マンガンは一回の採掘でたちまち終りになってしまった。マンガンが出なければ、頁岩だけでは到底採算がとれない。アドルフは坑夫長のフューレンシュスといっしょに、朝早くから夜

おそくまで坑道にもぐりこみ、土質の調査をしたり採石を手伝ったりした。彼は学校では決して勤勉な生徒ではなかったが、こういう仕事をしていると、学校をやめさせられたことが、いまさらつくづく情なかった。仕事は苦しかったし、とりわけ坑夫や事務員を父にかわって監督もしなければならないということは、十八歳の少年には、あまりにも重荷だった。

しかし少年にとって幸か不幸か、会社は三か月しかもたなかった。アドルフはリンツの家に帰り、こんどはリンツの電気軌道工業会社にはいる。市電会社にいる父の紹介である。十六歳、十五歳、十三歳、十一歳になる四人の弟妹が家にいて、しかも事業が失敗してしまった以上、遊んでいるわけにはゆかない。それにしてもなぜ自分だけが、こうも苦労しなければならないのかと、アドルフは思う。

アドルフの家は、典型的な中産階級に属していた。父の仕事は市電会社の営業主任であり、小さいながら鉱山を買ったほどだから多少の資産もあったのである。しかし敗戦の波は中産階級を押し流した。その被害をだれよりもひどくかぶせられたのが、長男で継子《ままこ》のアドルフである。

一九二五年の春から二八年までのあしかけ三年間、彼はこの電気軌道工業会社の販売部門で働いた。父のアドルフ・カールはその間、性こりもなく、再び事業を計画し、友人をかたらって製粉会社をおこす。そしてこれもまた失敗だった。二度の失敗によって、彼は自分の貯《たくわ》えはもちろん、新しい妻の持参金までつかいはたし、無一文になってしまった。父は営業主任をつとめたくらいだから、経営の才能が必ずしもなかったわけではないだろう。しかし何しろ時代がわるかった。帝国瓦解《がかい》によって生じた小国、オーストリアは、旧態依然たる貧しい農業国であり、経済変動、恐慌にたいしても抵抗力をもたない。私は何という不運な男だろう、事業に手を出す力をそなえたときは、恐慌と不景気の連続の時代なのだ。父はそんな愚痴《ぐち》を、ときどきこぼしていた。

リンツ電気軌道工業の本社は、リンツの中心街、博物館通り《ムゼウム・シュトラーセ》にある。アドルフはこの本社の販売部に通っていたので、そこからまた変電所や電車の車庫に働きに行かなければならないこともしばしばあった。販売部をえらべ、といったのも父親である。そんな生活を一年半ほど続けたのちに、アドルフは、同じリンツのラング街《シュトラーセ》にある支店へ、転勤を命じられる。無電機械の発達しはじめた時代であり、会社もその方の部門を拡張することになった。支店でのアドルフの仕事は、その無電関係の商品をあつかうことである。

アドルフが中学時代にはいった「青年戦闘同盟」は、このころ、「ドイツ・オーストリア統合戦闘同盟」という団体に吸収され、その青年部門として再発足していた。「ドイツ・オーストリア統合戦闘同盟」の政治綱領は、名前の示すとおり、ゲルマン二国家の統一であり、「全体の利益は個人に先行する」がスローガンである。オーストリアには、べつに戦後すぐに社民党がつくった自衛武装組織「防衛隊《シュッツブント》」があって、この二つの団体が、国内いたるところで火花を散らして戦うことになる。「統合戦闘同盟」のリンツ地区の指導者は、ドロトゥカ・フォン・エーレンヴァルという陸軍少将であり、アドルフは彼の配下にはいって、休みの日には訓練をうけ、騎兵銃の扱い方などを教えられた。

一九二七年一月、ハンガリーとの国境に近いシャッテンドルフの町で、社民党の防衛隊《シュッツブント》と統合戦闘同盟がぶつかり合う。デモ行進が格闘になることは珍しくはなかったのだが、このときはとばっちりをうけて老人と子供が死んだため、騒ぎが大きくなった。裁判が行なわれ、その判決を不服とする民衆が、裁判所を襲撃する。警官は群衆に発砲し、八十五人の市民と四人の警官が死亡した。社民党はゼネストにうったえ、ストライキは四日間つづいた。七月十五日のこの流血事件は、オーストリアの政治の、大きな転回点となるのである。

アドルフは電気軌道工業につとめるかたわら、同盟の一員として毎日のようにデモに参加していたが、翌二八年、再び父に呼ばれて会社をやめなさい、といわれた。「あの会社にいても出世の見込みはない、石油会社に外交員の口があるから、そちらに移ってはどうか」両親はどうやら、新聞の広告で、外交員の口があることを知ったらしい。「はい、お父さん」アドルフの答えは、いつも同じである。

三度目の転職だった。こんどの転職は父というよりは母親の気まぐれのせいで、事業の失敗で父が母の持参金をつかい果たしていらい、一家の主導権はまったく若い継母の手にうつっていたのである。母には、オーストリア自動車クラブの会長をつとめている従兄弟《いとこ》がいて、このひとは、石油会社の社長ヴァイスとも知合いだった。そんなことから彼女は新聞広告を見たときに、長男をそこにいれてはどうかと思いついたらしい。ともかく縁故関係はあり、わるい思いつきではなかったろう。こうして二十二歳のアドルフは、再び職を離れ、汽車に乗ってヴィーンに行き、石油会社本社の門をくぐる。

石油会社ではポッペルという支配人に会った。ポッペルは椅子を立ってアドルフの手を握り、きみのことは社長のヴァイスさんからきいている、お見うけするところ若すぎるようだが、外交員をやってもらいましょうといった。収入は月に二百五十シリングから三百シリングになるだろうといった（一オーストリア・シリングは、戦前の日本の貨幣で三十銭ぐらいだから、三百シリングはおよそ六十円である）。アドルフはリンツにもどって、リンツ支社に出頭し、二週間の見学期間をへて、正規の外交員になった。

彼はその間も、「同盟」の比較的熱心な一員として、デモや集会に参加していた。ドイツ人であり、戦後のわが家の経済的荒廃を見ていた彼にとっては、同盟のスローガンは魅力的だったし、だいいち政治運動に加わるということ自体が、二十二歳の薄給の外交員にとっては、気持の上の救いになっていた。

家にかえれば父の命令は子供たちにとって絶対であり、反対は許されない。しかもその父は継母である第二の妻のいいなりであって、その上アドルフは弟や妹にも、どういうものかあまり愛情を感じなかった。同盟のデモ行進に加わり、第一次大戦当時の古強者《ふるつわもの》たちと肩をならべて歩いたり、実弾射撃の演習をしたりすることは、そういうアドルフにはわるいものではなかった。ともかくこの銃器油の鼻をつくにおいと汗のにおいには、家や職場にはない解放感がある。家や職場の生活にたいする復讐《ふくしゅう》に似た快感がある。なお同盟員の大半は第一次大戦の下士官、兵から成り、キリスト教徒も多かったが、ナチ党員はいなかった。少なくとも一九三一年ころまではリンツではそうだったのである。

ヒトラーのミュンヘン一揆《いっき》はすでにリンツでも有名で、ナチのドイツでの擡頭《たいとう》とともに、同盟の指導者たちは、リンツを小ミュンヘンにしたいといいはじめていた。また三〇年の選挙では、イタリア型のファシスト党「ハイムヴェーア」が、国会で八議席を獲得していたし、ヴィーンではフラウエンフェルトという銀行員がオーストリア・ナチ党を創設した。しかしナチ党の突撃隊員が、リンツの街頭に姿を見せたのは、三一年の選挙のときからである。ナチの地区指導者《ガウライター》ボレークと、エルンスト・カルテンブルンナーとが、隊員をひきつれてリンツにきた。アドルフは道を歩いていて偶然そのカルテンブルンナーと出会い、すぐに相手がだれであるかわかった。カルテンブルンナーの父親はリンツの弁護士で、アドルフの父親とは、十年来の親友だったのである。

老カルテンブルンナーは、父の勤務先であるリンツ街路鉄道の仕事を、弁護士として長年手伝っていたので、アドルフはよく、めったにカフェに行かぬ父が、カルテンブルンナーといっしょに、カフェで談笑しているのを見たことがあった。そしてその息子が、いまナチ党員として眼のまえに立っている。アドルフはその褐色の服と、鉤十字《かぎじゅうじ》の腕章とを、まぶしい思いで見た。エルンスト・カルテンブルンナーは、長い顔を傾けて、アドルフに、いま何をしているかときいた。それから、きみもナチ党にはいりたまえ、といった。

カルテンブルンナーのいい方はほとんど命令的で、何か当然のことをすすめている、といった口調だった。じっさいアドルフにしても、そういわれてみればいままでの生活はすべてがナチ党に向かうレールの上にあったような気がする。

専門学校の中途退学では、この生きにくい時代に自分の前途は知れていると、薄給の外交員は考えざるを得なかった。何か特別のみちを見つけ出さなければ、這《は》いあがる可能性はないのである。ナチはドイツでもオーストリアでも異常な人気を博し、ドイツでの政権獲得は間もない、と思われた。そしてそのナチ（国家社会主義ドイツ労働者党）は貴族《フォン》の支配する社会を破壊して大衆の社会をつくることを、約束しているのである。

はいるのなら、遅くならないうちがいい。それだけ出世も、はやいはずである。とにかくナチ党にはいるということは、いままでの「同盟」での生活によって獲ていたわずかなよろこびを、さらに手ごたえのある、たしかなものに、してくれるだろう。

「もちろんはいりましょう《ヤー・グート》」

アドルフはこたえた。アドルフは一九三二年四月一日付をもってナチ党員となり、さらに同じころ、オーストリアに来ていたヒムラーのまえで宣誓した上で、親衛隊員となった。手渡された隊員証番号は、四五三二六番である。

ナチ党のドイツ征覇《せいは》に決定的な援助をあたえたのが、一九二九年にアメリカ、ウォール街に端を発した恐慌であることは周知の事実である。恐慌は二三年のインフレーションからようやく立ち直りかけていたドイツ経済に、破滅的な打撃をもたらす。ドイツでは三二年度において失業者六百万に達し、中産階級は自分たちの生活が再び足もとから崩れてゆくのを、不安な思いでみつめていた。そしてこのような状況を背景に、ヒトラーのナチ党は、三〇年九月の総選挙で、一躍百七議席六百四十九万九千六百票を獲得し（前回は十二議席、八十一万票）、第二党にのし上がるのだが、こうした状態は、もとよりオーストリアでも変りはなかった。オーストリアでは首相ザイペルが、国際連盟を通じて長期融資をうけ、一九二二年の財政危機を何とか切りぬけることに成功し、二六年には国際財政管理も停止されるまでになっていた。この時期には貧民街も一掃されたとまでいわれるのだが、そのあと三年をまたずして、大恐慌の襲来である。ナチ党はここでも、ドイツの場合と同様のテンポで、発展、成長した。ヴィーンの若い銀行員、フラウエンフェルトがつくった三百人のナチ党は、四万の党員を擁するまでに拡大していたのだった。

アドルフが旧友カルテンブルンナーのすすめで、ナチ党入りを決意していたその同じころ、すなわち一九三二年の正月に、党首ヒトラーはドイツ鉄鋼業の中心地、デュッセルドルフに行き、工業界の大御所たちをまえに、工業クラブで二時間半にわたる大演説をこころみた。ヒトラーはこの演説のおわりで、麾下《きか》の若い隊員たちのことに触れ、次のようにいった。

「今日、何十万におよぶ突撃隊、親衛隊の隊員たちは、毎晩トラックに乗りこみ、集会を見まわり、行進を行ない、粉骨砕身の働きのすえようやく暗い明け方近くになってから、職場や工場に立ち帰り、あるいは失業者として雀の涙ほどの保険手当をうけとりにゆくのです。どちらにしても、犠牲をはらわねばならぬ現状であることを、みなさんは銘記《めいき》していただきたい。隊員がなけなしの金で制服、シャツ、バッジ、いや食費すらまかなっている。しかしこれらの行為のうちにこそ、すでに理想の、大きな理想の力が、こもっていると申すべきでしょう。そして今日、もしも全ドイツ国民が、これらの隊員に劣らず、その使命を深く信じ、理想を堅持するなら、ドイツは世界の人びとの眼に、現在のそれとはうって変った姿を、示すことになるにちがいないのです！」

　アドルフは、その大きな理想を奉じる青年の一人となった。彼はつらい生活にもめげず理想を奉じて生き、やがてたしかにドイツの姿を、「世界の人びとの眼に、現在のそれとはうって変った」ものとしてうつらせるだけの働きをするだろう。なおヒトラーの演説は、デュッセルドルフ工業クラブのメンバーに深い感銘を与え、財界とナチとの同盟は爾後《じご》決定的なものとなる。ヒトラーはこの財源からふんだんに軍資金をひき出して、一九三二年の大統領選挙をたたかい、また七月の国会総選挙では、二年まえの倍、すなわち二百三十の議席と、千三百七十四万五千の票数とを獲得するのである。百万の党員と四十万の突撃隊とをひきいるヒトラーは、いまはドイツ国会最大の党の党首となった。

親衛隊員

一九三三年、アドルフは石油会社の命令で、ザルツブルクへ転勤になった。チロル一帯の外交販売が、きみの新しい仕事だといわれる。弱ったな、とアドルフは思った。

リンツにいたころは、彼の責任地区はリンツを中心とする上部オーストリア地域であり、だからこそ毎週褐色の家に顔を出して、親衛隊自動車班長としての党務に服することができたのである（ただし自動車班長というのは、彼が石油会社の社員であることや、義理の叔父《おじ》が自動車クラブの会長であるところから、かりに定められたもので、じっさいには自動車隊などまだ存在しなかったから、つまり計画上の——紙の上の——班長にすぎなかった）。

しかしこんどの場合、ザルツブルクからチロルは遠い。アドルフはザルツブルクでも、まえと同じ親衛隊第三十七連隊《シュタンダルテ》に属することになっていたが、ここでは実際上、仕事のあいまに勤務につくということは、きわめて困難だろう。彼は日曜日には、できるだけ隊に顔を出し、野外訓練などに加わることにした。だが仕事にしばられて、二週間も褐色の家に行けないことが次第に多くなって行った。

アドルフはザルツブルクのある後家さんの家に、部屋を借りていた。後家さんには娘が一人いて、家の二部屋を間貸している。彼はそこから会社に行き、チロルの山の中の町へ行った。おりから冬で、雪におおわれた山々は美しい。白皚々《がいがい》たる山々を、雪景色を眺めながら、アドルフは、ひょっとするとこうしているいまの自分が、いちばん幸福なのかも知れないな、と思った。こうしている自分とは、もちろんあわれな薄給の外交員として、あくせく働いている状態をさすのではない。思えば十八歳の年いらいすでに八年間、父親の命じるがままに、鉱山、電気会社、石油会社と転々とし、つらい生活をつづけてきた。いったい自分は何をしてきたか、何を得てきたのか、と思う。いま、雪の山の中に立って、とおい氷河をみつめているときの自分は、これまでになく自由な、解放されたものに感じられる。冷たくそそりたつ山々は、彼に、人生のあるべき姿と向かいあっているような満足感をあたえた。

アドルフは、いままでのように仕事にうちこむことが、急に馬鹿らしくてたまらないようになっていた。ガソリンをひとより多く売ったからといって、それがどうしたというのだろう。彼はガソリンを売るためにではなく、冬山のきびしい寒さと美しさとを味わうために、山の中の町々へ行く。そんな態度は、もちろんただちに仕事の成績となってあらわれるし、上役の眼につかないわけにゆかない。部長のブルムが、彼に冷淡な眼を向けはじめた。彼がナチ党の親衛隊員であることも、どうやら会社には知られてしまったらしい。恐慌とそれにともなう社会不安をまえにして、おりからオーストリアでは、キリスト教社会党のドルフスが首相の権限強化を強行し、一九三三年六月、ナチ党禁止令が公布される。アドルフが、ブルムに呼ばれて、「人員整理の必要があるのだ」といわれたのは、その禁令が出た同じ年のことである。「きみひとつ、勇退してもらえんだろうか」

馘首《かくしゅ》の宣告だが、アドルフはむしろこれをきいてホッとした。彼はさっそくザルツブルクの家をたたみ、リンツの父母の家に帰って、クビになりました、と報告した。両親が苦りきった顔を見せたことはいうまでもない。すべての財産を失った父親は、このころ再び、市電会社の仕事にうちこんでいたのである。

家の中は弟妹は多いが、あいかわらず冷い隙間《すきま》風《かぜ》が流れている。しかしそんなことには、アドルフはとうに馴《な》れっこになっていた。それよりもさしあたり働き口を、見つけなければならない。クビになってよろこんでばかりいられる身分では、もとよりないのである。

アドルフはドイツに行きたかった。親衛隊にははいったけれど、ここはドイツではなくオーストリアである。ドイツではヒトラーが、すでに首相として政権の座についていた。ナチ党員は出世を約束されたわけで、褐色の制服の群が街をわがもの顔にのし歩いている。ところが国境のこちらがわでは、ナチ党は活動禁止である。こんなところにぼやぼやしていたのでは、せっかく入党した意味がない。

しかし手ぶらでドイツに飛びこんでも、ドイツのナチ党が仕事を世話してくれるという保証はなかった。何か職業を、考えておかなければならない。

父親の相談相手に、シュリンプフという実業家がいた。そのシュリンプフの顔を見ているうちに、アドルフには思いついたことがあった。シュリンプフはリンツで客として油を買いにきたことがあり、彼自身ラジオの導線や蓄電器の販売代理業をしてきている。そうだ。ラジオ器具につかう潤滑用塗油の、代理販売をはじめたらどうだろう。自動車のガソリンばかりが油ではないので、無線電信機具はこれからますます発達してゆくだろうから、これはうまくゆくかも知れない。油は扱いなれているし、ドイツは広い国だから石油会社も数多くある。

ナチ党の仲間たちは、ドイツに行くという計画には賛成してくれた。父親にも、反対のあるはずがなかった。父アドルフ・カールは、ドイツへの帰国旅券申請のために、リンツのドイツ領事館までいっしょについてきてくれた。リンツ駐在ドイツ領事、フォン・ランゲンは、アドルフ・カールの親友であり、家庭的にも非常に親しい間柄だったのである。

出発のことがきまると、次に彼はエルンスト・カルテンブルンナーの事務所に行った。カルテンブルンナーはその父のあとをついで弁護士となり、褐色の家で党務にたずさわるほかは、毎日父の事務所に働きに出ていた。このころは老カルテンブルンナーは死んでいたし、ナチ禁止令いらい党の仕事は非常にやりにくくなっていたので、カルテンブルンナーは、事務所の方にいることが多かった。

カルテンブルンナーは、当時突撃隊（SA）の部隊長だった。アドルフがドイツ行きの決心を告げると、彼は「わかった《ヤー》」といい、それから明日来るようにといった。「明日までに、ドイツの地区指導者《ガウライター》宛ての手紙を書いておく」

晴れた夏の朝、アドルフはリンツを発《た》った。生まれ故郷である大きな国に向かっての、仕事を求めてのはじめての門出《かどで》である。こんどの旅は父親の命令どおりに動いていたいままでとはちがって、自分自身の決心にもとづくものなのだ。そして行く先の、故国ドイツでは、三月二十三日に国会が全権賦与法を通過させ、ヒトラーが独裁者として、新しい国家体制をつくりつつある。アドルフはヒトラーもまたリンツから出て、徒手空拳《としゅくうけん》、ドイツを手に入れたことを思い、何となく晴れがましい気分になった。

カルテンブルンナーの手紙は、もし国境でみつかれば大変なことになる。旅行鞄《かばん》まで開くことはないから、鞄の中に入れておくようにといわれ、そのとおりにしたのだが、もし万一あけられたら、とアドルフは心配でならなかった。しかし検閲は思ったより簡単で、係員は鞄に手をふれようともしない。パッサウの地区本部《ガウライトウング》は、駅前通りにあるときいていたので、駅を降りるとすぐ、その足で本部に行った。

本部ではかなり長い間次の間で待たされた。リンツの褐色の家とくらべて、建物や調度が立派なのに感心していると、突然ドアが開いて、はいるようにという。地区指導者《ガウライター》のボレークが正面の大きな机の向こうに腰を下ろしている。ボレークは、まえにリンツの町でカルテンブルンナーといっしょに歩いているのを見たことがあるが、そのときとくらべると、いま眼のまえに座っている彼は、数等えらくなっているような気がする。アドルフは、カルテンブルンナーの手紙をさし出し、相手がそれを読みおわるのを待って、おそるおそる自分がここに来た理由や、これからの希望を話した。

「もしご存じでしたら、バイエルン・ヴァキューム石油の関係者を、どなたかご紹介戴《いただ》けないでしょうか」

アドルフの話をききおわると、ボレークは机の上の手紙をもう一度手にとり、改めてそれに眼を通した。手紙を机の上に放り出し、椅子をくるりと一回転させて立ち上がる。

「きみは兵隊になる気はないのか？」

「は？」

「突撃隊だよ、突撃隊の兵士になるつもりはないのか？　カルテンブルンナーの手紙には、きみは優秀な党員だと書いてある。党の兵隊になるなら、いまが絶好のチャンスだぞ」

兵隊になれ、といわれるとはアドルフは思っていなかった。それにしても党がすぐに仕事をくれたのだから、計画は予想以上に上首尾である。たしかにいまは、絶好のチャンスだろう。ナチ・ドイツは建設期にある。この機会をのがして、石油会社の下働きなどするのは愚かしい。

「どうだ？」

「はっ」

アドルフはすでに心に呟《つぶや》いていた。「よろしい、おまえは兵隊になるがいいのだ《グート・ウィルスト・ドゥー・エーベン・ゾルダート》」

アドルフはレッヒフェルトの修道院に送られ、そこでオーストリア義勇軍の一員として、訓練をうけることになった。

レッヒフェルトは修道院の敷地につくった大兵営で、近くには修道院の建物や、付属の醸造場がある。おびただしい新造兵舎がそのわきに立ちならんでいて、酒保の設備までできている。ここに一大隊（三個中隊）五百人くらいの親衛隊員と、それ以上の数の突撃隊員が収容され、バイエルン州警察の協力の下に、訓練をうけているのである。親衛隊が独自の組織となるのは一九三四年の七月からで、それまではレームの指揮する突撃隊（SA）の一部を構成していた。

レッヒフェルトでは、親衛隊の指揮官は少将《ブリガーデフユーラー》リューテンビュッシェルである。突撃隊の全体を、レシニイという中将《グルッペンフユーラー》がひきいていた。

隊員は入隊と同時に医師の身体検査をうけ、心身壮健な者は挺身隊《ていしんたい》に、あとは歩兵部隊にまわされる。アドルフは挺身隊にふさわしい肉体の所有者、とみなされた。彼は挺身隊員として市街戦の訓練をうけ、また九月にはいってからは、ニュールンベルクの党大会にそなえて、分列行進の予行演習をする。九月二十九日、命によってパッサウにもどり、パッサウの親衛隊連絡本部に勤務。アドルフはすでに親衛隊伍長《ウンターシャルフユーラー》に任官し、黒い軍服を身につけている。

当時ナチの突撃隊は、ヒトラーの旧友、レームを総司令官として、その数二百万に達していた。突撃隊ができ上がったのは、ナチの草創期、一九二一年ころのことで、はじめは演説会場の整理、自衛を目的として組織された。整理隊（Ordnertruppe）と呼ばれていたが、一九二一年十一月、ミュンヘンの演説会場で、八百人の社会主義労働者をわずか四十六人の隊員で撃退して名をあげ、爾来《じらい》突撃隊の名を冠するようになる。ヒトラーは『わが闘争』の中で書いている。「ミュンヘンのホーフブロイハウスで行なわれた暴動的会合の後、この運動の闘争部隊は、彼らが示した勇気を記念して、永久に突撃隊と名づけられた」
ヒトラーは突撃隊を、党の軍隊とする考えだった。隊長のレームは、ヒトラー自身より古参のナチ党員であり、ミュンヘンの第七軍管区参謀部員であり、軍人になること以外に情熱をもたなかった男で、二三年に軍をやめさせられてからは、もっぱら突撃隊の組織に専心した。同性愛の、そして民主主義共和政に燃えるような憎悪をもつこの男の指導下に、突撃隊は強大な軍事組織として発展する。一九三三年の秋、すなわちアドルフ伍長《ごちょう》がパッサウにきたころには、ほかの無数の右翼系義勇軍（バルティック義勇軍、エアハルト義勇軍、ロスバッハ隊、等々）も、ミュンヘンの褐色の家で解団式を挙行し、突撃隊に編入されることになった。

突撃隊の隊員たちは、しかし必ずしも現在の状態に満足しているわけではないらしかった。アドルフはレッヒフェルトの酒保で出会う突撃隊の士官たちの中には、まるで社会主義者のようなことをわめき散らしている男がいるのを知って、驚いたものである。頭のかたい貴族《フォン》だのブルジョアは、さっさと片づけてしまわなければならんのに、総統《フューラー》は何をぐずぐずしているんだろう、と彼らはいっていた。「畜生《ヘルゴット》め、総統《フューラー》は軍の連中や銀行家に遠慮しているんだってよ。何も遠慮することなんかありゃしない。おれたちに一ことといってくれりゃいいんだ。おまえら、あのブルジョアと軍のおえら方の頭を、撫《な》でてやってくれ、とな」

いてきた。

「総統《フューラー》は革命をやる気がなくなったのかも知れない」

「よせよせ、あんまりいうと、親衛隊《エス・エス》さんがご立腹だ」

十一月を迎えて、レームは、「突撃隊の幹部と一部の兵士がベルリンに行き、幕僚長レームの演説をきいてきた。突撃隊の存在意義はいまはまったくおわった、などと口走る男がいるが、とんでもないことだ、われわれはここにいるし、たとえいつどんなことが起ころうと、われわれがここにいようと考えるかぎり、いつまでもいつづけるだろうということを、思い知るべきである」といった。さすがはおやじだ、と突撃隊員は喜んでいた。突撃隊はもう解散してもいいとは、ゲーリングがいったことばだといわれている。その噂《うわさ》はみんな知っていたから、レームの演説をきいて、溜飲《りゅういん》を下げた思いがしたのである。

兵営の中では、親衛隊と突撃隊とはべつの兵舎の中にそれぞれ独立してくらしている。親衛隊は突撃隊とはべつに、一九二三年、ヒトラーの身辺護衛の目的から創設された。二三年の十一月、ナチスのミュンヘン一揆《いっき》が失敗におわると、党は解散を命じられ、いっさいの軍事組織は解体し、突撃隊も二六年までは禁止されたままだった。そこでヒトラーは、突撃隊に代るものとして、臨時に少数の親衛隊をつくりあげる。突撃隊は間もなく再建されたが、親衛隊はその後も一種の近衛兵《このえへい》として存続し、二九年にヒムラーが長官となるに及んで、さらに拡大整備されることになったのである。

一九二六年、突撃隊の再建が許されたとき、親衛隊はわずか二百名から成る小部隊にすぎなかった。二九年一月、ヒムラーがエアハルト・ハイデンに代って指揮官に就任したときも、隊員二百八十名である。ヒムラーはバイエルンで養鶏業をいとなんでいた農学士で、ミュンヘン一揆の失敗後、党の再建につとめていた党内左派の指導者、グレゴール・シュトラッサーに見出《みいだ》され、シュトラッサーの秘書役になった（後の宣伝相ゲッベルスも、そのころシュトラッサーの秘書で、機関紙ベルリナー・アルバイターツァイトゥングの編集に当っていた）。グレゴール・シュトラッサーはのちに失脚し——失脚とはヒトラーの治下では殺されること——つまり殺されるが、グレゴールが眼をかけた二人の人物は、ヒトラーの奇怪な魅力のとりことなり、その股肱《ここう》の臣となる。ヒトラーは農学士ハインリッヒ・ヒムラーを親衛隊の総司令官《ライヒスフューラー》に任ずるとともに、「この部隊を党の精鋭部隊、すなわちいかなる状況にあっても信頼するに足りる部隊」としてきたえあげることを命じた。

一九三三年、オーストリアでドルフスがナチス禁止令を出していたころ、——正確には三月九日に、——バイエルン州の首都ミュンヘンで、フォン・エップがクーデターを断行した。反ナチ的な州政府を倒すためである。バイエルン政府は助けを陸軍に求めたが、陸軍は政治への不干渉の鉄則を楯《たて》に、これを拒絶し、バイエルン州政府の要職は、すべて中央政府派遣のナチ党員によって占められることになった。ヒムラーもそのひとりであり、彼は親衛隊長官を兼任のまま、バイエルン州警察長官に就任する。親衛隊本部はミュンヘンに置かれ、ヒムラーは一方ではバイエルン人民党その他、ナチにとっては気にいらない政治団体を、何とか難くせをつけて襲撃して、役員全員を拘置所にブチ込む、という仕事に精を出し、またその一方では警察長官としての職権を利用して、麾下《きか》親衛隊員の育成と武装化につとめた。なおヒムラーの下で、当時親衛隊員は、総数五万に達していた。

　パッサウの連絡本部には八人から十人くらいの隊員がいて、隊長はピヘルという親衛隊少佐《シュトルムバンフューラー》である。任務はバイエルン州の国境警察と協力して、オーストリア＝ドイツ国境を巡回することと、パッサウの駅を監視することだった。オーストリアでキリスト教社会党が反ナチの政策をとり出してからは、昼も夜も、ドイツに逃れてくる亡命者が絶えない。そこでそういう亡命者を収容し、またできるだけ彼らを誘ってオーストリア義勇軍にはいらせることが、連絡本部の使命だったのである。ときにはナチの宣伝出版物や武器を、オーストリア側の監視の眼を盗んで、向こう側にはこびこむこともあった。

　ナチの対オーストリア宣伝はこのような文書の形によるものだけではなく、ミュンヘンの放送局からは、例のオーストリアの党創立者、アルフレート・フラウエンフェルトが、毎晩激越なことばを放送していることをアドルフは知っていた。首相ドルフスを殺せ、われわれはただちにきみらの援助に向かうだろう、とフラウエンフェルトはヴィーンの同志たちに向かって叫ぶ。じっさいあんな裏切者は殺したらいいのだ、とアドルフは思う。ドルフスを殺せば、バイエルン州の「義勇軍」、つまり突撃隊と親衛隊は、クーデターに呼応してオーストリアになだれこむことになるだろう。自分はこんどは勝利者として、リンツにかえってゆくことになる。リンツの旧《ふる》い知り合いは、どんな顔で自分を迎えることか。忌々《いまいま》しい継母のプロテスタンティズムも、こんどは自分たちの力のまえにひれ伏さなければならない順番である。王党派的心情からついにナチにはいらなかった旧友のフリードリッヒ・フォン・シュミットや、中学時代の憧《あこが》れの美少女、シュピーゲルの、あどけない面影が脳裡《のうり》にうかび上がる。

仕事そのものは単調なものだった。しかしバイエルンの山の中を銃を下げて歩くということは、アドルフにはたのしく、やはり兵隊になってよかったと、彼は思った。生活の不安はすでになく、厳格な規則正しい生活は、たとえば黒光りする銃身を見ているときのような、快い充足感をもたらしてくれる。こうして私は、民族と正義のために、守りについているのである。「自分の名誉、それは忠誠です《マイネ・エーレ・ハイスト・トロイエ》」アドルフは親衛隊の鉄則をひそかに呟き、愉悦感がこみあげてくるのを感じた。そうだ。私はこの鉄則に身を投げることによって、はじめて一個の男子となったのだ。美しいバイエルンの高原は、男子としての自分の、誕生地であるにふさわしい。彼にはここが第二の故郷というふうに思われてならなかった。

隊長のピヘル少佐は、身だしなみのよい、きちんとした男である。パッサウの有力者の奥さんがこの色男に興味をもち、いろいろ誘いをかけてくるのを、アドルフは羨望《せんぼう》の念で見ていた。

やがて冬になりバイエルンの野山は雪にとざされる。アドルフは軍曹に昇進し、本部でミュンヘンの親衛隊本部宛てに手紙を書く仕事にまわされた。雪の中に出て行かないですむのだから、楽といえば楽だが、しかしこれはつくづく退屈な仕事である。年が明けて三四年の一月に、パッサウの連絡本部は一応任務をおえたため解散される、われわれはダハウに行くのだ、といいわたされたときには、助かったと思った。

ダハウには強制収容所がある。ヒトラーが政権をとると同時に、ドイツ国内には雨後の筍《たけのこ》のようにたくさんの収容所ができていったが、ダハウはその中の一つで、ヒムラーの御《お》膝元《ひざもと》だけに、あらゆる点で最も代表的な存在であり、ここにはいったら絶対に助からないといわれていた。中でひどい拷問や殺人が行なわれ、ミュンヘンの検事が、それに抗議をしたという噂を、アドルフはまえにきいている。収容所の外側に、軍需品集積所として使われていた大きな鉄筋コンクリートの建物があり、行進してここに辿《たど》りついたアドルフたちの部隊は、その建物の中に寝泊りすることになった。建物は大きいが、先着の部隊もいて、アドルフたちは文字どおり折重なって寝なければならなかった。
アドルフの所属する部隊は、こんどもドイツ在任オーストリア連隊ということになってい
た。大隊長はプロイセン州警察の少佐で、それが親衛隊少佐の軍服を身につけている。中隊
長クラスも、親衛隊大尉の軍服は着ているが、みんなやはりプロイセン州警察の大尉である。
収容所の方の指揮官はアイケ大佐といい、――彼は一九三四年以後は全強制収容所の総監に
任じられる――ここで働く隊員たちは、すべて髑髏《どくろ》の徽章《きしょう》をつけていた。髑髏隊、とアドル
フたちは彼らを呼んだ。それでなければ看守と呼んだ。同じ親衛隊といってもつまりこの連
中は看守であり、自分たちと同じ軍人だなどとは到底思えない。アドルフたちは、そういう
態度を露骨に示したから、ダハウの町の酒場では、よく髑髏隊との間で喧嘩《けんか》が起こった。政
敵の処分は必要なことだし、彼らを民衆の敵意から守ってやるために、収容所に入れておく
のは、総統もいうようにいい事かも知れない。しかしそのために一生をささげるようなやつ
の気が知れない、とアドルフは思っていた。
しかしそういうことを除けば、ダハウでの毎日は静かだった。規律はまえよりずっときび
しくなったが、生活はレッヒフェルトの場合と大同小異である。アドルフは模範兵として軍
務に精励した。朝起きて、ＳＳという襟章《えりしょう》のついた軍服を身につけ、軍靴をはく。たとえば
そんなことにも、アドルフは頭の中で一定の順序と方式をつくりあげ、そのとおりに実行し

てみた。規律違犯で処刑された隊員の話が、ときおり伝わってくるほか、生活は単調であり、毎日が同じようにすぎていった。

訓練のきびしさは、たのしいくらいで、少しもつらいとは思わない。しかしこの単調さはアドルフにはまったく耐えがたいものになっていった。こんなふうにむなしく日を送っていていいものなのか、とアドルフはときどき思う。こんなことをしていて、自分はこのさきどうなるのか。この調子だと、下士官か、せいぜい下級将校ぐらいで一生をおわることになるのかも知れない。自分はそんなふうになるために、このドイツに来たのか。

親衛隊にはいっていらいはじめて、苛立《いらだ》ちがアドルフをとらえた。一九三四年の春から夏にかけては、事件が次々に起こった時期である。まず四月に、上層部の人事異動があり、総司令ハインリッヒ・ヒムラーがバイエルン警察をやめ、プロイセン政治警察の長官代理としてベルリンに移ったことが知らされた。七月二十五日には、オーストリアの首相ドルフスが、首相官邸でオーストリア陸軍の制服を着たナチ親衛隊員に狙撃《そげき》され、死亡した（ただし計画とはちがって、ドイツはついに動かなかった。ムッソリーニの威嚇《いかく》に屈し、オーストリア・ナチスは見殺しにされたのである）。またその前の月、六月の三十日には、ヒトラーによるレーム、シュトラッサーなどにたいする血の粛清があり、突撃隊幹部はついに一掃され、突撃隊は改めて総統《フューラー》に忠誠を誓うことになった。

これによって突撃隊の問題は解決し、親衛隊の位置はいよいよ確定されたわけである。事件はあいついで起こり、しかもそれらはアドルフにも、密接なつながりをもっているはずなのだが、それにもかかわらず、アドルフが個人的に参加し、力をふるうような機会はめぐってこなかった。歴史は彼をおきざりにして、彼のいる場所からは遠いところで、動いてゆくように見える。事件のニュースをきくたびに、アドルフの焦躁感《しょうそうかん》は深まるのだった。

ヒムラーが政治警察首班になったプロイセン州は、ドイツ空相ゲーリングが兼任の総理大臣である。ゲーリングは一九三三年、ナチ勝利の年にここの内相になる（首相はフォン・パーペン）。プロイセンの首府はベルリンであり、ヒトラーはベルリンを手中におさめるために、この第一次大戦中の戦闘機乗りを内相にすえたのである。ゲーリングはよくその期待にこたえ、プロイセンで起こる事件は、何ひとつ首相フォン・パーペンに報告されず、ベルリンはナチの無頼漢の横行闊歩《かっぽ》にゆだねられた。ゲーリングは秘密警察ゲシュタポを創設し、反ナチ勢力を遠慮なく追い立てる。しかしまた同時に、個人的野心のきわめて旺盛《おうせい》だったゲーリングは、警察を自分の私兵としても使おうとした。彼の腹心の部下たちは、反ナチ勢力の監視だけではなく、ナチの重臣たちの言動を監視することも命じられていた。

ゲーリングが内相になったとき、ヒムラーはプロイセン警察長官として、親衛隊の若い将軍、クルト・ダリューゲを推薦した。しかしゲーリングが、自分の手兵と自分とのあいだに、親衛隊がはいってくるのを、よろこぶはずはない。彼は自分の従妹《いとこ》と結婚したルドルフ・ディールスという男をつれてきて、これをプロイセン警察のＩＡ局長に任命し、その本部を警察本部とはべつのところにつくらせた。このＩＡ局が、すなわちゲシュタポである。

当時の状態を概括的にいうと、こういうことになる。まず一方には親衛隊長官ヒムラーがいて、彼はバイエルン州の警察権を直轄している。ヒムラーの配下のハイドリッヒは、親衛隊内部に保安本部（Ｓ・Ｄ）を創設し、ドイツ政治警察の指揮官として君臨する。そして一方にはベルリンにゲーリングがいて、プリンツ・アルブレヒト街《シュトラーセ》にゲシュタポ本部をおく。しかもゲーリングの警察長官は、ヒムラーの腹心の部下であり、制度上は彼が、クリポ（刑事警察）、オルポ（治安警察）、ジポ（保安警察）、憲兵（地方担当）などとならんで、ゲシュタポも統轄する、という複雑な関係にあったのだった。

事態かくのごとくであって、ゲーリングも簡単にヒムラーに警察の城を、明けわたしたわけではない。しかしゲーリングのまえには、強力なライヴァルとして突撃隊幕僚長レームがあり、レームは麾下二百万の突撃隊とともに、革命いまだおわらずと叫んでいた。ゲーリングは権力の座につくまでははなはだしく破壊的だったが、権力を手にいれたとたんに、保守主義者に変貌《へんぼう》した男である。彼の尊大な「貴族趣味」と、レームの庶民気質とは、どうしてもそりがあわないので、じじつ彼が突撃隊不要論をとなえれば、レームはただちに応酬するというふうに、対立はすでに露骨になってきている。そしてゲーリングにしてみれば、レームの歴戦の突撃隊に対抗するには、どうしてもヒムラーの五万の親衛隊と、同盟を結んでおく必要があった。ゲーリングのゲシュタポを手本としてつくったヒムラーの警察組織は、一九三四年の春においては、プロイセン州をのぞく全ドイツに、その網をはりめぐらしていたのである。

一九三四年の四月、ヒムラーは待望のプロイセン政治警察長官（代理）に任じられ、ハイドリッヒとともにベルリンに向かった。ヒムラーはプリンツ・アルブレヒト街《シュトラーセ》のゲシュタポ本部にはいり、ハイドリッヒは親衛隊保安《エス・ディー》本部とともに、庭園一つへだてたところにあるヴィルヘルム街《シュトラーセ》の建物に居を定める。このときから、ゲーリングのゲシュタポは親衛隊保安《エス・ディー》本部と結合し、全国的な組織となった。ヒムラーやハイドリッヒが、その部下要員を、子飼いの隊員から求めたがったのは当然であり、アドルフはある日友人たちから、保安本部が、オーストリア義勇軍からもひとを採用するという話をきいた。

八月二日、ヒンデンブルク大統領が死んだ。いまは総統が大統領の権限をもその手に収めることは、火を見るよりも瞭《あきら》かだろう。ナチ帝国はここに最後の仕上げを完成する。国民投票にそなえての宣伝工作がはじまり、親衛隊内部も活気をおびはじめた。アドルフはついに我慢できなくなった。彼は休暇をとり、汽車に乗ってミュンヘンに行き、親衛隊司令部に出頭して、保安本部に自分を採用するよう推薦してほしい、と上申した。「保安本部がひとをさがしているとききました。自分はオーストリア軍団で兵役を終え、現在ダハウにおります。ダハウの勤務はまったく単調であります（と彼は正直にいった）。自分は何か、自分がもっと役に立つような仕事に、つきたいのであります」

司令部の係官は紙を出してきて、所定の欄に書きこめといった。

ダハウに帰ったアドルフは、通知がこないかと毎日待っていたが、それいらい一か月以上たっても、ベルリンからは何の音沙汰《おとさた》もなかった。やはり駄目だったか。なかば諦《あきら》めていると、九月になってから、大隊副官から呼出しがあった。総司令官《ライヒスフューラー》の保安本部《エス・ディー》から公式の通知があり、貴官は保安本部《エス・ディー》部員に推挙されたから、速刻ベルリンのヴィルヘルム街《シュトラーセ》一〇二番地、ハイドリッヒの本部に出頭すべし、ということである。アドルフはいままでの装備を脱ぎすて、新しい服と長靴などをもらい、ベルリンまでの乗車券と、九月分の給料の残額十マルクをあたえられて、ベルリン行きの夜行列車に乗った。

ベルリンに着いたのは朝早くだった。早朝の官庁街は静かである。ウンター・デン・リンデンからヴィルヘルム街《シュトラーセ》に向かうビル街を歩きながら、アドルフは、おれはついにベルリンに来た、と思った。それにしてもこの静かな平和な町が、目下時代の焦点である首府なのか。彼はすでに軍曹であり、軍曹のもつ長剣を腰に下げている。ダハウにいたころ、義勇軍が収容所の髑髏部隊を、「看守」といって馬鹿にしたために、町の酒場ではよく両部隊の隊員が取っ組合いの喧嘩をした。バイエルン警察は危険をおもんぱかって、義勇軍は長剣を下げて外出しないように、といってきたものである。長剣は伍長以下の軍隊員にとっては憧れの対象であったのだが。

しかしここではもう、そんな心配はないだろう。収容所とも髑髏部隊とももう縁がない。収容所などというものにはこれからさきも一生縁がないだろう、とアドルフ・アイヒマン軍曹は青空を見上げながら思った。

ユダヤ人

ユダヤ人にたいするナチ政府の公然たる攻撃は、一九三三年一月、ヒトラーが首相に任命されたときから、すでにはじまっていた。ゲーリング麾下《きか》のプロイセン警察と、レームの突撃隊が、ユダヤ人の店の掠奪《りゃくだつ》を開始する。三月二十八日には、ユダヤ人商店、商品、医師、弁護士を対象とする党本部の一日ボイコット命令が出た。ボイコットはとくにユダヤ人が宗教の掟《おきて》から必ず家にいる安息日をえらんで、すなわち土曜日をえらんで、四月一日土曜日の朝、ときめられていた。

一、各地の党支部および党組織は、ただちに実行委員会を結成し、ユダヤ人商店、ユダヤ人の生産にかかる商品、ユダヤ人医師、弁護士にたいするボイコットの実行を計画すべし。実行委員会は、ユダヤ人にたいしては痛烈な打撃をあたえなければならない。ただし非ユダヤ人には被害が及ばぬよう、責任をとるべきこと。

………………………………………………………………

三、実行委員会は、ただちに宣伝と啓蒙《けいもう》活動を開始し、ボイコットの大衆化を図らねばならない。『ドイツ人はユダヤ人の店で買ってはならない』という原則を浸透させるのである。またユダヤ人とその一味が行なう商売上の宣伝に乗ってはならない。ボイコットは全面的なものでなければならない。全国民によって推進され、ユダヤ人のもっとも痛いところを衝《つ》くようにするべきである。

………………………………………………………………

七、実行委員会は、どんな小さな農村にも進出し、田舎《いなか》のすみずみにいたるまで、ユダヤ人小売商に打撃を下すよう努力しなければならない。そのさい、今回のボイコットが、どこまでもわれわれに強いられた防衛措置であることを強調せよ。

ヨオロッパのユダヤ人嫌悪は、宗教と経済と、のちには民族主義問題との、要約すれば三つの理由によって成立っている。宗教とはいうまでもなくユダヤ教であり、旧約聖書を教典として、また民族の歴史として仰ぐ宗教である。

ユダヤ人はイエス・キリストの死後——つまりイエスが死んだと伝えられる時期からのち——、約半世紀をへて、ローマ帝国に反抗し、民族四散の悲運を体験した。神の約束の地とされたカナンはローマ帝国によってその名もシリア・パレスティネンシスと改められる。四散したユダヤ人は、旧約の教えを奉じ、みずからをえらばれた民と信じて生きた。みずからをえらばれた民と信じることが、すなわち悲境の中で彼らをささえる支柱となる。彼らはユダヤ教をかたく守りつづけることによって、一民族が国家なしに二千年間生きつづけるという世界史上の奇蹟《きせき》を、なしとげてきたのである。

ユダヤ人の多くはいまでも、豚肉や蝦《えび》・蟹《かに》類を口にしないという旧約のタブーを、かたく信奉しつづけている。イスラエルでは金曜日の夕方、空に三つの星が輝くときから、安息日がはじまり、商店は店をとじ、国鉄、バスなど、いっさいの交通機関は停止し、飛行場も閉鎖される。ユダヤ人の玄関口には経文《タルムード》を入れた小指の先ほどの、小さな筒が壁に斜めに埋めこまれていて、ユダヤ人の所在を示す一種の暗号の役を演じている。ユダヤ人の中でも正統派と称されるもっとも熱狂的な人びとは、刃物で顔を剃《そ》るな、というヤハヴェの神のことばに忠実に、頰鬚《ほおひげ》をのばしたままにしている。彼らはイスラエルの夏の猛暑の中においてさえ、大きな縁のついた黒い帽子に外套《がいとう》という、中世いらいの服装を身につけているのである。

ユダヤ人を神の選民とするユダヤ教は、いうまでもなく民族宗教である。その民族宗教の民族の枠を決定的に破り、この一神教をカトリック（普遍的）なものにしたのは、イエスとその弟子たち——つまりキリスト教——だった。イエスはエゴイスムの放棄を教える。と同時に、民族的エゴイスムの放棄をも教える。イエスは当時ユダヤ人が決して交らなかったサマリアにまで行って布教し、サマリアの女が、あなた方の神はエルサレムにいるのではないのか、といったのにたいして、有名な世界宗教的なことばをもってこたえているのである。「女よ、わがいうことを信ぜよ。此《こ》の山にもエルサレムにもあらで、汝《なんじ》ら父を拝するとき、来たるなり。……真《まこと》の礼拝者の、霊と真《まこと》とをもって父を拝するときぎたらん」（ヨハネによる福音書、四章）

イエスはその復活後、ガリラヤの湖畔に立ち、したい寄る弟子たちに向かって、世界中に布教せよ、信じる者はすべて、人種の別なく救われるべし、といったとつたえられる。ついでにいえば、安息日の絶対性を否定し、安息日は人間のためにこそあるのだ、と説いたのも、イエスだった。

あらゆる宗教は、時代の動きとともに宗教内部の改革、革命を経験する。仏教の歴史や、キリスト教の歩みをふりかえってもわかることだが、ユダヤ教にとっては、そのキリスト教が大きな宗教革命だった。ユダヤ教は民族宗教の枠を破り、世界宗教化することによって、ローマ帝国という当時としては汎《はん》世界的な領域に浸潤し、やがてヨオロッパ全体の宗教となる。しかしそれを生んだユダヤ人自身は、これとはべつのみちをすすんだ。なぜなら、国をほろぼされたユダヤ人は、何よりもその民族性を守らねばならない。民族の支柱は、くりかえすが、ユダヤ教だったのである。

カイゼル《皇帝》のものはカイゼルに、神のものは神に、とイエスはいった。政治と宗教とを分離することによって、宗教の普遍性を守ろうとする宗教家の深い智慧《ちえ》だろう。しかしユダヤ人にとっては、ローマの権力者に甘んじて税金を支払えという勧告は、到底容認しがたいところであり、当時さかんだった抵抗、独立運動の闘士たちには、こういう態度は裏切者のそれとしか見えなかった（ユダヤ教徒の考え方では、税金は神にのみ支払われるべきものであって、ローマに税を払うことは、とりもなおさず、ローマのカイゼルを神格化することにほかならない）。なぜユダヤ人が、カイゼルに仕えなければならないのか。

ユダヤ人は驢馬《ろば》を崇拝する野蛮人である、といったのは、紀元前二世紀ごろのシリア人たちである。ユダヤ人は雲を愛することしか知らない、とも当時のほかの民族はいった。ユダヤ教は旧約の神、ヤハヴェだけを信じる一神教であり、その神は自分の似姿を描いたりつくったりすることを、民衆にきびしく禁じている。この教えはのちに回教の掟にうけつがれ、回教徒はいまでもユダヤ教徒と同様に、偶像をもたない。砂漠の民族の宗教の特質となっているが、しかしともかくこのような宗教は、偶像信仰しか知らない古代のほかの民族の目には、すでに異様なものとしてうつったらしい。

砂漠の民族の間に、偶像否定の宗教が育ち、次第に力を得たことは、思えば偶然ではないだろう。現在のイスラエルの南の地域、ほぼ三分の二の部分は、名高いネゲヴの曠野《こうや》である。見わたすかぎりの荒れはてた砂地で、峨々《がが》とした岩山には、サボテンがところどころ密生しているのを除いて、一木一草も目にうつらない。こういう土地や、アフリカのサハラ砂漠の白っ茶けた平原に立つと、つくづく考えざるを得ない。神の似姿をかりにつくるとしても、生きたものの何一つないこの荒地では、いったい人は、神に似たものとして、何をさがすことができるのか。

美しい自然にめぐまれた日本では、これはほとんど想像もつかないことだろう。日本では自然の線はすべて柔和であり、野山は緑であり、水は清いのがあたりまえであり、そして古来日本人は、自然のあらゆるところに美的宗教的感動を味わい、山や桜の花に、神々しさを見出《みいだ》してきた。しかし砂漠では、そういうことはあり得ない。「われは万軍のヤハヴェなり」(アニィ・ヤーヴェ)おそろしい神のことばが天上にひびきわたり、人びとは砂の上にひれ伏す。神は砂漠をめぐる太陽のように、人間をときに焼きほろぼす強烈な存在である。あたりには切り立った岩があり、砂地がつづくだけで、神と自分とのあいだに立ちそうなものは、何一つ存在しない。

ユダヤ教の神は怒りっぽい、しかし姿のない神である。つまり抽象的な存在であって、ただからこそユダヤ教は、キリスト教というその一分派の形を借りて、ヨオロッパ社会に流れこむことができたのだろう。旧約聖書がもしたくさんの偶像をもっていたら、ヨオロッパ人の感覚的反撥《はんぱつ》を買っていたにちがいない。旧約の神は抽象的な存在であり、ヨオロッパ人はそれを一つの「理念」として、うけいれることができた。その理念にイエスの像や、多くの天使や、使徒の肖像や、――要するに無数の感覚的要素をつけ加え、芸術をつくったのはヨオロッパのキリスト教徒である。

しかしユダヤ教の律法はやかましかった。ユダヤ教は紀元前六〇〇年頃、ユダヤ人が国を追われ、バビロンにつれて行かれたころからしだいに形式化され、イエスのころにはいっそうその度合をはげしくするようになる。初期の弾力性を失ったわけであり、民族のおかれた悲運が、彼らを過去の光栄ある伝統の形式に、ますます執着させることにもなったのである。なおイエスは、一方でその律法に挑戦し、パリサイ（ガリラヤ地方のユダヤ教分派）の人びとの形式主義をわらいながらも、他方では、律法の一字一句もおろそかにしてはならない、と説いていた。

イエスは形式上は、ユダヤ人の聖なる王、ダヴィデ王の直系の子孫ということになっている。イスラエルでは王は、ダヴィデ王の子孫でなければならないことになっていた。イエスの形式上の父ヨセフは、ダヴィデ王の子孫であると福音書の系図はしるしているから、この点では彼はユダヤ人の王となる資格を与えられて、地上に生まれたことになる。彼はじじつそれを期待され、預言者はエルサレムで死ぬという定式どおりに、エルサレムで死ぬ。

しかも一方で彼は、処女マリアが夫を知らずに身ごもった神の子だった。神の子イエスは、自分は神と人間との契約を更新するために来たのだといい、形骸化《けいがいか》した掟《おきて》をときには平然と踏み破った。彼は都市のサドカイ派と農村のパリサイ派との双方を罵倒《ばとう》し、反ローマの民族主義運動にも「カイゼルのものはカイゼルに」といって、背を向けた。この態度は、イエスにユダヤ人の王を期待した人びとを失望させ、ないしは憤激させたろう。

新約の主人公イエスは、一方ではダヴィデ王の子孫であり、そのことを福音書は強調している。新約聖書冒頭のマタイによる福音書は、「ダヴィデの子、イエス・キリストの系図」からはじまる。しかしまたイエスは神の子で、そうとすれば、「ダヴィデの子」云々《うんぬん》の系図は意味を失うはずである。

新約の主人公イエスには、この二つの相矛盾した性格がある。矛盾は彼の生涯にさまざまな陰影を投げかけ、最後には彼を十字架上の悲劇に追いやるだろう。彼はみずからその悲劇の渦中に身を投じることによって、その生涯を、そしてその教えを完成するのだ。イエスが死にのぞんで「主よ、主よ、なんぞわれを見捨てたもう」と叫び、死後復活したのち、ガリラヤの湖畔で、弟子たちに「ひろく世界の人びとに福音の教えを告げよ」と説いたというい い伝えは、象徴的であるといわねばならない。

「主よ、主よ、なんぞわれを見捨てたもう」とは、旧約のダヴィデ王の詩篇にある一節である。すなわち彼は、旧約の一節を呟《つぶや》きながら、ユダヤ教徒の一人として死んだ。ダヴィデ王の子孫として、いいかえれば民族宗教の担い手として生まれた彼は、人間のあらゆるエゴイスムの否定を説き、民族主義それ自体をさえ、民族のエゴイズムとして否定することを、おのれに課した。肉のイスラエルから霊のイスラエルへのみちを、いいかえれば世界宗教へのみちを、この「ユダヤ人の王」はさし示そうとした。

これは彼の歩まねばならなかった荊棘《けいきょく》のみちであり、彼が真の人類普遍の救済者として現われるためには、何よりもまず民族宗教の子として自分自身を、十字架上に焼きほろぼさなくてはならなかったのである。新約のつたえるところでは紀元三十四年頃、ローマ皇帝ティベリウスの治下だったという。

ティベリウスのあとをカリグラがついだ。皇帝カリグラとして有名な人物であり、アルベール・カミュの芝居の主人公にもなっている。ローマ史上はじめての東洋的専制君主だが、ユダヤ人ははじめ彼の上に期待をもっていた。ユダヤの王としてエルサレム神殿を再建したイドゥミア人、ヘロデ一世の孫アグリッパがカリグラの友人で、その宮廷に足しげく出入りしていたからである。

しかしカリグラは、ユダヤ人の期待をうらぎって、自分を神としてうやまうことを、治下帝国の人民に要求した。これはユダヤ教のきびしい掟を奉じて生きるユダヤ人にとっては、たえがたいことである。ローマ帝国人民のうち、ひとりユダヤ人だけがその命令に従わず、このことがきっかけとなって、アレクサンドリアにいた軍隊がパレスチナに侵入した。彼らはシナゴーグ（ユダヤ教会）にはいって、そこに皇帝の肖像をおき、町を掠奪し、老人を笞《むち》うち、多くの女たちを犯した。アグリッパの働きかけで、皇帝はこのときの指揮官を降等させたが、ユダヤ人と周辺諸民族との関係がこれでますます悪化したことはいうまでもない。

ユダヤ人がローマに反抗して一斉蜂起したのは、紀元六六年である。カリグラの死後、そのあとをついだ皇帝クラウディウスは、アグリッパをパレスチナの王に封じ、ユダヤ人の国は彼の下でいちおうの小康を保っていた。しかしアグリッパはわずか三年で死に、ローマから赴任する代官の下では叛乱《はんらん》が次第に多くなり、テロリズムと大弾圧がくりかえされる。六六年の一斉蜂起にたいして、翌六七年、ローマは鎮圧のために大部隊をくり出した。彼らはまずガリラヤ地方を制圧し、諸州を次々に手中に収めて、七〇年の春、エルサレム城外に達した。エルサレムは白っぽい土のいくつかの丘の上に立つ城であり、神殿は南の丘のはずれにある。当時エルサレム側では、内部の主導権争いがつよく、急進的な「熱心党」は神殿を守り、ほかの部隊は北の高地の守備につくというふうで、行動は統一を欠き、ローマはその弱点にねらいをつけたのである。

ローマ軍は七月、神殿のすぐそば、イエスが裁きをうけたといわれる一角にとりつき、兵隊は町に火をかけた。目をおおう虐殺とともに城はおち、焼けおちる神殿の中から、わずかな宝物が救い出される。ユダヤ人が神聖視し、いまもイスラエルの紋章となっているヘロデ王の七枝の燭台《しょくだい》は、このとき、供えのパンの金卓やラッパとともに、ローマ人の手に奪われ戦勝記念物としてもちかえられた。ローマのフォロ・ロマーノに残る凱旋門《がいせんもん》には、この燭台と金卓とラッパが、うきぼりにされているのが見られるのである。

その後一三二年に、ユダヤ人の叛乱軍が一時エルサレムを奪回したことがあった。しかし叛乱はローマ軍の手でたちまち粉砕され、爾後《じご》、ユダヤ人はエルサレムにはいることを長く禁じられた（ただしキリスト教徒は許されていた）。神殿は完全に破壊され、岩のあいだに、わずかに基礎の城壁が残るのみとなる。偶像をもたないユダヤ教徒にとっては、エルサレム神殿だけが、神と通じあうための、形のある場所なのだ。彼らはこの壊れ残った城壁のまえにきて、涙をしぼり、衣服を裂いた。この場所はいまでも「嘆きの壁」の名で呼ばれている。

エルサレムがティトウスのローマ軍によって包囲されていたとき、棺桶《かんおけ》の中に身をかくして城門をぬけ出し、ローマ軍に投じた一人の導師《ラビ》がいた。彼の名はヨハナン・ベン・ザカイという。

ベン・ザカイは、親ローマ的な平和主義的党派の首領で、エルサレムの主流であるサドカイ派とは反対の立場にあった。彼は籠城《ろうじょう》がユダヤ民族の玉砕におわることをおそれ、城をひそかに脱走してローマ軍の司令部におもむき、自分はユダヤ人にローマとの協調を説くから、その代償として、ユダヤ教の学校をつくることを許してほしいといった。ローマは、もともと宗教問題にはたいして関心がなく、自分たちに反抗しないかぎり、各民族の信仰は放っておいてもいいと思っている。この場合も、ベン・ザカイはローマに協力するといっているのだから、問題はないのである。よかろう、と司令官はこたえた。

エルサレムはベン・ザカイの洞察どおり落城し、ベン・ザカイの学校は、ジャムニア（ヤブネー）につくられた。ジャムニアの学校は次の時代のユダヤ文化の中心となり、ユダヤ教の法燈は、こうして後世につたえられることになった。

ローマ帝国は、エルサレムの落城後、各地に散在するユダヤ人を、ユダヤ人のゆえをもって迫害するということは、必ずしもしなかった。とくにアレクサンドリアでは、貿易の大部分はユダヤ人の商人によって占められ、ローマは自分の利益を守る必要上、ここのユダヤ人社会には特別の庇護《ひご》をくわえていたらしい。本格的な人種上の迫害がはじまるのは、キリスト教がローマを支配して以降である。キリスト教の指導者たちは、自分たちの「本家」であるユダヤ教が、キリスト教信仰の土台をきりくずすことに、大きな脅威を感じたのだった。ユダヤ人は自分たちの預言者《よげんしゃ》であるイエスを殺した。その罪によって、彼らはいま家を失い、永遠の流浪を運命づけられているのだ、とキリスト教の僧侶《そうりよ》たちはいった。ユダヤ人は永遠の異邦人であり、流浪者であると宣言される。「いつの日か、イエスがふたたび現われて、ユダヤ人を許すまでは、——すなわち最後の審判の日が訪れるまでは、——彼らは社会的・法律的に、一段劣った扱いをうけ、真のキリスト教信者の社会からは、隔離されねばならないだろう」

中・近世のキリスト教社会で、宗教的異端であることが何を意味したかは、日本のように寛容な宗教伝統をもつ国では容易に理解しがたい。教会から破門されるということは、すなわち悪魔と同列であって、何をされても仕方がないのである。中世にローマ教会がクロスボウ（弩《おおゆみ》）の使用を残酷すぎるという理由で禁じたことがあったが、ただし異教徒にたいしては使用差しつかえなし、という但し書きがのちにつけられた。「異教徒は悪魔と同じだから、残酷な武器もつかってよろしい……」

十五世紀に行なわれたジャンヌ・ダルクの裁判では、まず宗教裁判所が彼女を審理して「悪魔の手先」として教会から放逐し、次にこれをイギリス軍がひきとって焚《や》き殺したのである。悪魔の手先なら、殺してわるい理由はどこにもない。

ユダヤ人は当時のヨオロッパで、最大の異端集団だった。破門どころか、はじめから入信していない。市民権がないのとひとしく、生存を許されたのがむしろ不思議とさえいえるが、ヨオロッパの経済機構がかたまるにつれて逆にユダヤ人の利用価値が生じてきたことも、彼らが生きのび得た一因だったろう。君主たちはしばしばユダヤ人に特別の認可状をあたえ、金融、両替の仕事につかせたのである。

利子をもうける仕事は、キリスト教徒には禁じられていた。ユダヤ教はその点がきびしくないから、王侯は彼らを経済上のパイプとして利用しようとした。回教世界との交易も、ユダヤ人は同じセム族で回教世界に顔がきくから、彼らをつかえば便利だった。

しかしこういうことは、ユダヤ人にたいする民衆の敵意をいっそうつのらせる結果を招くのである。高利貸や王の徴税請負人が、好かれるわけがない。中世にあらわれた「聖者」たち、聖クリゾストムとか、聖アゴバールなどという人びとは、猛烈なユダヤ人呪咀《じゅそ》によって、その名を知られている。「ユダヤ教の迷信と、ユダヤ人商人の悪がしこさは、がまんがならない」と、聖アゴバールは叫んだ。しかし法律的庇護を奪われたユダヤ人にしてみれば、おたがいどうし団結して身を守るほかなく、頼るものは金銭しかないのである。第四回の十字軍が、ヴェニスのユダヤ人商人の奸策《かんさく》にひっかかって身動きがならなくなり、しまいには同盟国である東ローマの首府、コンスタンチノープルの略奪を演じたことは有名なはなしだが、中世も末期、ことに十字軍戦争からあとになると、商業の発達によって、ユダヤ人の経済力はますますつよいものになった。そしてそれに応じて、ユダヤ人迫害もますますはげしくなり、ユダヤ人は魔法をつかって、金をもうけているのだといううわさが、ひろく流布されてゆく。この時期に、ユダヤ人がどのくらい虐殺されたか、資料がないのでわからない。彼らは領主が住民の不満を転嫁するための贖罪《しょくざい》の羊として、僧侶の気まぐれによって、住民の熱狂によって、ことあるごとに殺戮《さつりく》の対象とされた。

十二世紀初頃に行なわれた異端裁判の記録によると、ユダヤ人は復活祭を呪うために、キリスト教徒の子供を悪魔への犠牲に供した、と書かれている。十三世紀に処刑されたあるユダヤ人たちは、キリスト教徒の子供を殺して、その血をパンに塗って食べたと思われていた。ユダヤ人は毎年どこかに集まって、翌年殺人の儀式を行なう町をクジで決めているのだ、とキリスト教徒は考えていた。たいていの場合、彼らユダヤ人は一定の居住区に隔離され、ユダヤ人であることを示すために、黄色い印を服の上につけることを強いられた。ユダヤ人の黄色いしるしは、ヒトラーの発明ではないのである。

ユダヤ人の迫害が行なわれたのは、ヨオロッパにおいてだけではなかった。七世紀、中東にはモハメッドが出て、ユダヤ人の故郷を含む一帯に、回教の教えをひろげる。回教はある意味ではユダヤ教を世俗化させた宗教であり、一神教理念をはじめ、豚肉を食べることの禁止、礼拝にあたって手を洗うというきびしい規則等々、ちょっと見ても、ユダヤ教に負うところが多い。それくらいだから、モハメッド自身は、はじめはユダヤ人の協力を仰ごうとしたらしいが、ユダヤ教徒は彼を拒絶し、教祖はユダヤ人を敵として扱うようになった。その後、彼の後継者たちは法令を発し、ユダヤ人を主体とする異端者たちは、アラブ社会では一般市民以下の、下位の市民として扱われることに定められる。ユダヤ人とアラブ人との反目は、近代にいたって、ユダヤ人のシオニズム運動（パレスチナ復帰運動）が起こるとともに再燃し、深刻な争いは、いつ終るとも知れない。

ヨオロッパのユダヤ人の夜明けは、一七八九年、フランス大革命の年だといわれている。革命によって成立した国民集会は、一七九一年、フランスに住むユダヤ人にも市民としての自由・平等を宣した。自由・平等の革命思想は、ナポレオンの「大軍団《グラン・タルメ》」とともにヨオロッパの天地を疾駆し、ユダヤ人解放の思想も、彼らの手でひろめられる。プロイセンはフランスにつづいて、一八一二年に、ユダヤ人解放の勅命を出し、ベルギーは一八三〇年に、ユダヤ人に完全な市民権をあたえた。イタリアは法王の反対があって少しおくれ（一八七〇年）、オーストリア・ハンガリーは一八六七年である。西暦三一三年、キリスト教のローマ征覇にはじまったユダヤ人の灰色の日々は、千五百年ののち、十九世紀をむかえて、ようやく一段階をおわったように見える。

しかしヨオロッパ全体のユダヤ人という立場から考えると、おわったのはあくまで一段階であって、ぜんぶではなかった。すなわち宗教的（および経済的）理由にもとづく迫害の千五百年は、これでおわったかも知れない。しかし次に、民族主義的（および経済的）原因による圧迫が彼らをまっている。十九世紀は西欧の民族主義の時代だったのである。

一七九一年、フランス革命下の国民集会の席においてさえ、「ユダヤ人はフランス人とは宗教的・社会的にとけあわない、彼らは国家内国家をつくっている」ということから、ユダヤ人への市民権の賦与に反対する票が少なくはなかった。民族主義・国家主義の立場からの反ユダヤ主義は、その後も尾をひき、それから百年ののちにも、例のドレフュース事件をひき起こしている。大砲の秘密をドイツに売ったという濡《ぬ》れぎぬを着せられ、長い年月を悪魔島の牢《ろう》でおくった大尉ドレフュースは、いうまでもなくユダヤ人だった。

ドイツはヨオロッパの中でも、もっとも民族統一がおくれ、そのために苦しんだ国である。そのうえドイツはフランスとちがって、中世にユダヤ人の追放を行なわず、ユダヤ人はここに長く住みついていた。つまりそれと一緒に、中世いらいのユダヤ人への憎悪も、切断されることなくこの土地に住みついている。ドイツ統一は、周知のように一八七一年、ビスマルクの手で行なわれ、同時にユダヤ人解放令も発布された。しかしそれとほとんど同時期に、「民族の裏切者」、「国家内の異端」ユダヤ人への攻撃が、新しく火の手をあげることになった。

まず一八七九年、ハンブルクに住むジャーナリストで、ヴィルヘルム・マルという男が、「ゲルマン主義にたいするユダヤ主義の勝利」という論文を書き、ユダヤ人への憎悪をかき立てる。彼の著書は飛ぶように売れ、わずか二、三か月のうちに九版を重ねたという。つづいて一八八〇年、ベルリンとドレスデンに、反ユダヤ連盟が組織される。このときの反ユダヤ主義の政治的リーダーは、アドルフ・シュテッカーといい、彼はプロイセン議会の議員で、キリスト教社会主義労働者連合という団体の組織者でもあった。

一八八一年、ドイツのいくつかの都市で、ユダヤ人への襲撃が起こり、反ユダヤ暴動は、ハンガリーとロシアにも波及する。同じゲルマン民族であるオーストリアでは、ドイツの影響が当然つよく、反ユダヤ主義は、汎《はん》ゲルマン民族主義者や、キリスト教社会主義者のあいだに、早くからつよく根を張っていた。一八八五年、汎ゲルマン民族党の議員、ゲオルク・リッター・フォン・シェーネラーは、「反ユダヤ主義は、われわれの民族的イデオロギーの主軸なのだ」と叫んでいる。

近代のゲルマン民族主義は、反ユダヤ主義と、切っても切れない関係にあった。それはたしかに「主軸」だった、といってもよいのかも知れない。主軸を二十世紀においてうけついだのがヒトラーであり、彼の国家社会主義ドイツ労働者党——つまりナチ——である。民族主義は彼およびその輩下の手によって、ほとんど宗教の域にまでたかめられる。アーリア民族は世界の最優秀民族であり、支配を約束された民族であり、人類の窮極の美の姿である、ということになる。そしてそれに応じて、ユダヤ人は、最優秀とは反対のもの、美をけがすもの、の位置におかれた。中世いらいの悪魔伝説がよみがえり、第一次大戦の敗戦の責任は、あげて「背後からグサリとドイツ軍の背中をさした」ユダヤ人の責任とされる。ヒトラーは『わが闘争』の中で書いた。

「ユダヤ人は今日、ドイツの完全な破壊をめざす大使《だいし》嗾者《そうしゃ》である。世界中のドイツ攻撃の文書は、すべてユダヤ人によってつくられたものであり、これは平時であろうと戦時であろうと、一つの例外もない。ユダヤの金融新聞、マルクス主義の新聞はドイツにたいする憎悪を、計画的に煽《あお》り立てた。ついに各国は、次々に中立を放棄し、国民の真の利益を見すてて、世界大戦のさい、連合軍側に加わったのである」

ユダヤ人は、迫害された民族のつねとして、異常なまでに団結力がつよい。ユダヤ人の店が町に一軒できると、ユダヤ人社会がそれを後援して、同じ品物をほかのドイツ人の店よりは安い値で売らせる。赤字は仲間が補ってやるのだから、ドイツ人の店は競争してもかなうわけがない。近所のドイツ人の店が負けてつぶれてしまうと、こんどはユダヤ人の店は、まえの値の倍ぐらいで売るようになるという。ドイツできいたはなしである。

これはほんの一例だが、ユダヤ人の悪評をヨオロッパできこうと思えば、いくらでも集めてくることができるだろう。シェイクスピアの「ヴェニスの商人」を思いだすまでもない。勘のいいこと、相手に調子をあわせることのうまいことも、ユダヤ人の特技といわれていて、商人にきくと、相手を決して怒らせずに、しかも最大の利益をひき出すことが、ユダヤ人の商法なのだという。

ユダヤ人は教育に熱心だから、知識人の比率が人口の中で異例に多く、また長年迫害をうけてきたためにその知識人には革命家、無政府主義者が多いのである。ロシア革命の初期の指導者は、トロツキイ以下、カーメネフ、リトヴィノフ、ジノヴィエフ等、ユダヤ人が圧倒的多数を占めている（彼らは殆《ほとん》どが、スターリンによって殺された）。

ドイツでは、ヴァイマール共和国の憲法を起草したのはユダヤ人（フーゴー・プロイス）であり、共和国の内閣の枢要部門は当初ユダヤ人によって占められていた。革命家のローザ・ルクセンブルク、リープクネヒトがユダヤ人であることはいうまでもない。これらの事実は、第一次大戦でドイツは勝っていたのに、ユダヤ人が背後から匕首《あいくち》で刺したというヒトラーの説に、ある説得力をあたえた。ヒトラーのことばは、理窟《りくつ》にも何もなっていない殆ど狂人のタワゴトだが、タワゴトに社会的な力をもたせるだけの下地は、不幸なことに、とりわけこのドイツにおいて深く準備されていたのである。

ナチの運動をニヒリズム革命と呼んだひとがある。ナチスは権力奪取のためには手段をえらばず、一切の国際間、人間間の道義、とりきめを無視した。彼らが奉じたのは力の論理と、民族の栄光だけであり、ヨオロッパの伝統であるキリスト教のヒューマニズムなど、彼らにとっては弱者の泣きごとにしかすぎない。つよい者だけが美しい。したがってひとは、強者たるべくつとめるべきであろう。たとえその結果が悲劇におわろうとも。――この「力への意志」の哲学は、ゲルマンの森の掟の再現であり、ひとはここに、中世のニーベルンゲン伝説の、とおいこだまをきくことができるはずである。

力弱く屈服するものは、悲劇の名にもあたいしない。ニーチェもいったではないか。「驢馬は悲劇的であり得るか」と。「驢馬は悲劇的であり得るか。重い荷物の下で……押しつぶされている驢馬は」。ゲルマン民族は、ヒトラーによれば、もちろん「力への意志」の、気高いにない手であるべきはずであり、既成のヒューマニズムなどにわずらわされることなく、たとえばアルプスの雪山をひとり行く、力づよい孤独な騎士であるべきだろう。力の窮極にこそ美があり、ゲルマン民族は世界でもっとも美しい民族でなければならない。だからナチは、ドイツ国家を、自分たちの美学によってつくりかえるのである。

一九三六年、フランスの詩人ヴァレリイははじめてドイツに旅行し、ナチスの旗を見て、「まるでシナの絵模様のようだ」と思った。フランスの詩人には、ナチの美学が、滑稽《こっけい》な田舎《いなか》くさいものにも、異端的なものにも見えたのだろう。ドイツ人自身、フランスから見たときの自分の田舎者性を意識し、パリ中心の文化伝統にたいして、たえまない劣等感をもちつづけている。ナチの反西欧的、「力の美学」の根底には、もう一つその要素が働いていたはずである。

いずれにせよ、ナチは、自分に強者にふさわしい美をあたえようとした。アーリア民族とは、身長スラリと高く、金髪でなければならない(ヒトラーは背は低く、髪は黒い)。その金髪碧眼《へきがん》の青年からえりすぐった親衛隊は、これも力にふさわしい(と彼らが思う)特別の制服を着せられ、「鉄の人」ヒトラーにむかって、ローマ式の敬礼をささげる。「私の名誉、それは忠誠です」《マイネ・エーレ・ハイスト・トロイエ》ナチは国民の生活を、あげて芸術化しようとした政党だった。ヒトラーのお気に入りの建築家でのちに軍需相に任じられ、ドイツの軍需生産を戦時下に飛躍的に増大させることに成功したシュペーアは──彼は抜群の才能をもっていた──ヒトラーが死ぬまでベルリンの都市計画に熱中し、これをナチの千年帝国にふさわしい壮麗な首都にすることを、降り注ぐ爆弾の下で夢みていたと証言している。芸術化の最大の表現が、あのニュールンベルクの党大会だろう。立ちならぶナチスの旗、旗、旗。それは民族の美への、民族をあげての自己陶酔の儀式だった。

民族主義はどんな場合でも、多少なりとも自己陶酔の要素を含む。したがってそれは、ハタの目には多少とも滑稽に見えるもので、日本の戦争中、スターリンのソ連、毛沢東《もうたくとう》の中共、どれ一つとして例外はない。しかし自己陶酔が、ほとんど崇高の域に達した点において、ナチの場合の右に出るものはないのではないか。ヴァーグナーの伴奏入りのナルシシズムは、アーリア人種を文字どおり神格化する。そのナルシシズムの祭壇にささげる犠牲の役割を、ユダヤ人は演じさせられたのである。

ここでそのユダヤ人の定義についていっておくが、ユダヤ人というとき、ふつうはユダヤ教徒のことだし、いまのイスラエルも、だいたいその考え方に立っている。二千年の長い歴史のあいだには、ユダヤ人の中にも、ユダヤ教徒の集団をはなれ、キリスト教社会にまぎれこむ者や、キリスト教徒と結婚する人びとも多勢出た。キリスト教徒とユダヤ教徒が結婚すれば、どちらかが改宗しなければならないから、かりにユダヤ教徒がキリスト教に改宗すれば、彼はユダヤ人社会をはなれることになる。離脱した人びとの子孫は、キリスト教社会に消え、あとには残る者が残った。淘汰《とうた》作用は、残った者の結束をいっそうつよめさせていったわけだが、しかしまた逆に、外部からこの共同体の中にはいってくる場合もあり得た。イスラエルに行くとわかる。高い鼻、黒い髪、背の低いいわゆるユダヤ人型の体軀《たいく》は、もちろんこの国では目立つ。しかしそれだけではなく、明らかに北欧の血をまじえた金髪の女もいるし、アフリカ系のユダヤ人には、ニグロのように、チヂレ毛の人びとがいる。アラブ諸国からきたユダヤ人は、殆どアラブ人と区別がつかないのである。

しかしヒトラーの場合、問題は民族の美しさにあり、アーリア人の純粋性の美学にあった。したがってユダヤ人の問題も、彼にとっては、血の問題でなければならない。彼はユダヤ人とはユダヤ教徒であるという定義を、決してうけいれようとしなかった。

「ユダヤ人は、ほかの民族の内部で生きつづけるために、自分たちが民族ではないこと、特殊な『宗教的共同体』であるということを、うまくひとに信じこませなければならなかった。

だがこれが第一の大嘘なのだ。

ユダヤ人は民族的寄生虫としての存在をつづけるために、その内面的本質を抹殺《まっさつ》するという手段に出たのである。（中略）ユダヤ人はつねに一定の人種的特性をもった民族であって、決して宗教集団だったことはない。彼らは自己の発展のために、自民族への注目をソラせるような手段を、早くから求めていたのだった」（『わが闘争』）

たとえばユダヤ教徒ではなく、キリスト教徒であっても、彼がユダヤ人の血をひいているかぎり、ヒトラーは容赦しなかった。第一次大戦に従軍したユダヤ人は、はじめのうちは許されていたが、末期になると、鉄十字章をもつユダヤ人老兵もガス室に抛《ほう》りこまれた。ドイツ少女を犯すユダヤ人。ドイツの血の純潔をけがすユダヤ人。その幻想はヒトラーの生涯を通じてつよかったらしい。一九三五年発布のニュールンベルク法は、ドイツの女と性交をいとなんだユダヤ人を、懲役刑に処すと規定し、じじつそれは人種的破廉恥罪として厳刑に処せられるのをつねとした。当時の裁判所判例によれば、ドイツ人の女と住居をともにしたユダヤ人は、たとえ性的関係の存在を示す証拠がなくても、重刑にあたいするとみなされることになった。

ユダヤ人を血の問題とみなしたのは、ヒトラーの独創的政策の一つである。しかしそれは、ヒトラーの力と民族の美学から、必然的に導き出された主張にほかならなかった。彼がユダヤ人にたいして行なったことがらは、悲惨、目をおおわせる暴挙だが、しかしその根底にあった理論は、ドイツ民族主義の歴史的レールを、それほど逸脱したものとはいえないのである。

ヒトラーの下で、ユダヤ人の弾圧・迫害のために手足となって働いたのは親衛隊であり、親衛隊の長官は例の養鶏業者、ヒムラーである。ヒムラーはヒトラーの人種理論を一字一句、狂信的に信じ、かつ実行した男で、ヨオロッパ二千年の歴史が育てあげ、ドイツ民族主義がみがきをかけた反ユダヤ思想は、この鼻めがねのやせた男において、その最高の表現に達したということができるだろう。

ユダヤ人問題が宗教の問題ではなく、人種上の優劣、美醜ということに属するのだとすれば、論理的帰結として、ユダヤ人は生理学的に見ても、アーリア人よりは劣っていなければならない。そこでじじつヒムラーは、親衛隊内部に人類学研究班をつくり、莫大《ばくだい》な金を投じて、ユダヤ人の頭蓋骨《ずがいこつ》の「研究」にあたらせた。頭蓋骨を傷つかないまま「蒐集《しゅうしゅう》」することはむつかしく、はじめのうちはその点で困ったらしいが、独ソ戦の勃発《ぼっぱつ》が、彼らに便宜をあたえた。ソ連の戦場にある国防軍は、ユダヤ系共産党員を捕えたなら、ただちに彼らを野戦《フェルト》憲兵《ポリツァイ》にひきわたすこと、野戦憲兵はこの貴重な実験材料を、特務委員がくるまで大切に「保管」することを、命じられたのである。

特務委員は彼らの写真をとり、身体各部分の寸法をはかり、系図をきき、生年月日その他、必要なデータを採集しなければならないと、ストラスブルクにつくられた解剖研究所の所長、ヒルト教授は当時書いている。「次に彼らを殺したあと、その首を傷つけないように、胴体からきりはなし、腐敗をふせぐための特製の罐《かん》に密封して、研究室あてに送付しなければならない。研究室員は、その頭が届いたらただちに、脳の形状、大きさ、頭蓋の状態を計測し、写真にとる等の仕事に、とりかかるべきであろう。……」

ヒムラーは、ユダヤ人が人間よりもむしろ動物に近いということを、信じてうたがわなかった。動物ならその首を切って罐詰にして研究室に送ったところで、なんの不都合があろうか。ヒムラーの頭蓋骨蒐集は当時から比較的有名であり、ベルリンにいる外国の外交官で彼にやめるようにと忠告する者もいたが、そんなとき、彼はなぜ自分が責められねばならないのか、まったく理解できなかった。

ユダヤ人を「材料」とする生体実験も、ヒムラーの命令の下に行なわれていた。ほとんどの収容所には、付属「実験室」が設置される。中でももっとも大規模かつ残虐だったのはダハウの収容所付属「実験室」であって、ここは全国の「実験」施設の中心であり、ヒムラーの信任のあついジグムント・ラシャー博士が所長をつとめていた。

ジグムント・ラシャーは魅力的な、機敏な、話のうまい人物である。彼は空軍《ルフトヴァッフェ》の軍医で、彼の仕事は、空軍の兵隊の命をいかにして救うかにあった。つまり高々度を飛んでいて酸素が稀薄《きはく》になった場合、温度が低くなった場合、負傷して出血がはなはだしい場合、飛行兵はどこまでそれに耐えて、生きられるか。

ダハウの収容所付属実験室内には、二十五人を収容できる密室があり、医官たちはここにユダヤ人の被実験者を投げ入れ、気圧を漸次低下させて、彼らの反応を壁の窓から眺めていた。被実験者が脳出血で死ぬまで、空気の稀薄化はつづけられる。たまたま生き残る者があっても、実験終了後に殺されるのである。冷却実験室もあり、ここでは被実験者は氷水の中に漬けられる。またべつの部屋では、被実験者は首に注射針をさされて血液をとられた。血液がなくなるとともに体温は下がり、人間は死ぬ。どの程度までの体温低下に耐えられるかをしらべるのである。ある男は十九度まで生きていたが、たいていは二十五、六度で死亡したと伝えられている。

気温低下、および出血によって仮死状態におちいった将兵を、どうしたら蘇生《そせい》できるかということも、空軍の軍医にとっては重大な研究題目だった。実験室内部で死にそうになっているユダヤ人をひっぱり出し、太陽燈、温浴、電気衝撃療法、等、あらゆる方法を、医官たちは適用してみた。しかしむだだった。そこでラシャー博士以下の学者たちは、最後にすばらしい妙案を思いついた。冷えきった人体を温めるには、動物の体温がいいかも知れない。とくに女の体温がよいだろう。

瀕死《ひんし》の、裸のユダヤ人を、やはり裸の女たちがかき抱き、それをラシャー博士やマラリア病の専門家のシリングス博士や、血液専門のシュッツ博士が、厳粛な表情でながめる、という奇怪な光景が、ダハウの収容所の奥でくりひろげられた。もし実験が成功すれば、娼婦《しょうふ》たちの新しい利用価値が出てくるだろう。ヒムラーから収容所管理本部長官ポール中将に命令が飛んだ。「娼婦経験者を選出してダハウに送るべし、ただしドイツ婦人にあらざること」

しかし実験は、成功しなかった。

ヒムラーは、また古代チュートン文字の研究にこり、敗戦間近い時期には、日本の「いろは」文字の研究をすすめさせていた。彼が棲息《せいそく》していた奇怪な世界の中では、日本の「いろは」文字は、古代チュートン文字と同質のものであるべきはずであり、そのことは必ず証明されねばならなかった。なぜなら日本はナチ・ドイツの盟友であって、盟友である以上、日本もまた優秀なアーリア人の一員でなければならない。日本人がアーリア人ではなく、したがって人間以下の存在である！　そんなものとドイツが手を組むなどということは、ヒムラーには考えられないことだったのである。

ヒムラーが一九四三年十月四日、ポーゼン（編者註。ポーランド名ポズナンのこと）において、親衛隊の幹部をまえに行なった演説は有名であろう。彼は親衛隊の義務を、次のように説明した。

「われわれの義務。それはわれわれと血を共有する同胞に対しての、誠実、忠誠、そして友愛である。ロシアやチェコで何が起ころうと、そんなことは私にはいささかの関心もひかない。われわれの血、われわれの優秀な血のために、ほかの諸国家の国民から何かを奪う必要があるのなら、それが何であろうと、われわれはためらわないだろう。子供をさらってくることが必要だとすれば、いまでもすぐこの場にさらってくる。ほかの諸国が繁栄のうちに生きるか、それとも死にたえるか、そんなことは、われわれが彼らを、われわれの文化の奴隷として必要とするかぎりにおいて、――すなわちその観点においてのみ、――関心の対象となるのである。一万人のロシアの女が、対戦車壕《ごう》を掘るために狩り出され、力つきて死んだとしても、そのことが問題とされるのは、ドイツのための対戦車壕の完成、という立場からなのだ。

不必要に粗野になり、無情になることはない。これは自明の理であろう。われわれドイツ人は、戦にたいする対し方を知る唯一の民族であり、したがってわれわれは、人間獣にたいしても、ふさわしい態度をとることができるはずである。しかしもしわれわれが自己の血にそむいてまで、彼らの身の上を心配してやって、その結果、われわれの子供や孫の代に禍根を残すようなことをひき起こすとすれば、これは罪悪であるというほかない。もしだれかが私のところに来て、『女子供には壕は掘れない、非人間的だ、彼らを殺す気か』などといったとしたら、私はこうこたえねばならないだろう。『きみは自分の血にたいする殺人犯だ。なぜなら、もし対戦車壕が掘られなかったら、それだけのドイツ兵が死ぬ。そして彼らはドイツの母親たちの息子であり、われわれ自身の血をわけた青年たちではないか』

われわれの義務は、われわれの人民であり、われわれの血である。ほかのことには無関心でいればよい。私はすべての親衛隊員が、外国のあらゆる非ゲルマン諸国民にたいして、とりわけロシア人にたいして、この態度をもってのぞむことをねがう」

ヒムラーは、「人間獣」に対してではなく「獣」のほうに対しては、この上なくやさしい態度をもって対したらしい。この養鶏業者は、いっさいの狩猟を、「冷血の殺戮行為」として憎悪した。ゲーリングが狩猟を好むのに腹を立てて、彼はお気に入りのマッサージ師ケルステンに、あいつは呪うべき吸血鬼だといった。

「ゲーリングは、動物を手当り次第に撃ち殺しているのです。ケルステン君。やさしい平和な眼でこちらを見ているところを、銃をかまえている猟師のところに平気で寄ってくる動物を、射殺するなんて……、そんなことがどうしてできるのでしょう」

大戦後、ダハウにはいった連合軍は、おびただしい死体と灰のほかに、ヒムラーの指命で集められた五千個の頭蓋骨の山を見たのだった。

ゲシュタポ

一九三四年六月、ヒトラーはヒムラーの親衛隊に命じて、レーム以下、突撃隊の幹部を逮捕、殺害させた。レームは突撃隊を主体とする輝かしい民族革命軍結成の夢を捨てず、彼のその主張は国防軍の将軍たちを憤激させていた。ヒトラーは一九二三年、ミュンヘン一揆《いっき》の失敗によって、国防軍の協力がないかぎり、ドイツの掌握は不可能であることを、心にふかく刻みこんでいたから、レームに賛成するつもりははじめからなかったのである。そのうえ突撃隊隊員二百万は、ドイツ国内を肩で風を切って歩き、彼らの暴行と幹部たちの性的醜聞とは、内外の非難の的になっていた。

血の粛清は六月三十日の早朝、国防軍の公然の支持の下に行なわれる。ヒトラーの旧友、ナチ党の育ての親、ひげづらのレームは、ヴィースス湖のホテルのベッドの中で捕えられ、ミュンヘンの刑務所に拉致《らち》、射殺された。ゲッベルスの元の親分、ナチ左派のグレゴール・シュトラッサーはベルリンの自宅で捕まり、プリンツ・アルブレヒト街《シュトラーセ》のゲシュタポ拘置所に送りこまれ、元首相のクルト・フォン・シュライヘル将軍も、やはりベルリン近郊の自宅で撃ち殺される。粛清されたのは突撃隊幹部だけではなく、ヒトラー、ゲーリング系ナチ幹部の気にいらない者は、すべてこのとき犠牲に供せられた。その数一千名をこえる、といわれている。

軍は自分が糸を引いたのだから、もちろんこの粛清をよろこんだ。財界はナチが左派を清算したのを見てよろこび、国民は国内の不安が一掃されたので、ともかくもよろこんでいた。ヒトラーの体制は確立され、あとは大統領ヒンデンブルクが死ぬのを待つばかりだろう。そしてその老元帥ヒンデンブルクは同じ年の八月に死に、ヒトラーは国民投票で九十パーセントの多数の賛同を得て、大統領兼摂首相、すなわち総統ということになる。突撃隊はすでに無力化し、これにかわってヒムラー麾下《きか》の黒服の親衛隊員が、ヒトラーに直属する強力な存在として浮かび上がるのである。

ユダヤ人から市民権を奪ういわゆるニュールンベルク法が制定されたのもその直後、三五年の九月のことだった。つまりそれまでのボイコット、暴行方式が改めて法制化される。ナチの独裁体制確立とともに、ユダヤ人の迫害もまた第二段階にはいる。

一九三八年十一月十日の朝、ベルリンに住むユダヤ人、ベン・コーヘンは、電話の音で目をさました。時計を見ると六時である。

電話をかけてきたのは、知りあいのユダヤ人だった。

「暴動だ。きみの事務所も、……パレスチナ事務所も、襲撃されているぞ」

ベン・コーヘンは大急ぎで着物を着て、マイネッケ街にあるパレスチナ事務所に駆けつけた。すでに暴徒は去ったあとらしい。道路は思いのほか静かである。しかし近づいてみると、事務所のドアも窓ガラスも、めちゃめちゃにこわされているのがわかった。電柱から切断された電線が数条、だらりと垂れ下っている。室内は完全に破壊され、壁に墨痕《ぼっこん》鮮かに、

『フォム・ラートの死の復讐《ふくしゅう》だ！』

ベン・コーヘンは散らかった室内に茫然《ぼうぜん》と立ちすくんだ。いったいこれからさきどうなるのだろう。在独ユダヤ人の就職は実質的にあらゆる分野においてすでに困難であり、七月にはユダヤ人医師が、九月には弁護士が、その免許をすべてとり消されている。ユダヤ人はユダヤ人らしい名まえを名乗ることを強制され、そうでない者、たとえばドイツふうの名まえをもつ者は、男ならイスラエル、女ならサラと、ユダヤふうに名まえを変えなければならな

い。六月には、ユダヤ人で禁錮《きんこ》一か月以上の前科をもつすべての男女がいっせいに再検挙され、なんの審査もなしに、強制収容所に送りこまれた。

ユダヤ人の生活は、――というよりも生存それ自体が、――ドイツではすでに困難になってきている。国外にのがれる以外、ユダヤ人にとって安全に生きるみちはないのだが、その国外逃亡のための自主機関、パレスチナ事務所さえ、こうやって破壊されてゆく。

ともかくこのことを、ユダヤ人代表部の幹部たちに報告しなければならない。ベン・コーヘンは、事務所を出て、カント街にある代表部の方に歩いていった。気がつくと道路のいたるところに、フォム・ラートの復讐だ！　の文字が不気味に踊っている。カント街の代表部はまだ無事で、数人の幹部が集まり、額をあわせて善後策を協議していた。代表機関の副会長ヒルシュ博士（一八八五―一九四一、マウトハウゼン収容所で殺される）が、もう一人の役員をつれて、ヴィルヘルム街の総理府に暴徒鎮圧方をいまたのみに行っている、というはなしだった。ユダヤ人の店という店は、一晩のうちに全部破壊された。

そのうちに代表部に地方から電話がかかりはじめた。地方の都市でもまったく同じことが起こったらしい。全国のシナゴーグ（ユダヤ人教会）はいっせいに炎上し、暴徒はユダヤ人のすべての店におしいって破壊、略奪をほしいままにした。フランクフルトでも、ブレスラウ（編者註。ポーランド名ヴロツワフのこと）でも、彼ら暴徒はユダヤ人の住宅にも押し入り、男を手あたり次第に捕えて、警察に連行している。そのまま収容所に送りこまれるのだ。数時間後、ヒルシュたち代表が帰ってきた。首相秘書官、フォン・ランメルスに会いに行ったのだが、会えなかった。しかし彼は、「ユダヤ人の安全は保証されている」とこたえたという。

午後二時、友人のクルト・レーヴィンが自宅で逮捕連行されたという情報がはいる（クルト・レーヴィンは、のちに在日イスラエル公使）。ベルリンでも逮捕がはじまったのである。外に出るな、警察は路上でもユダヤ人と見るとつかまえているぞ、と駆けこんできた男が言った。警察はそれぞれ一定数のユダヤ人を検束するように、命じられている。彼らは目当てにしたユダヤ人がいないと、割当数をみたすために、道を歩くユダヤ人の男をだれかれかまわずにひっくくっているのだ。ただしユダヤ人が近いうちにドイツから出てゆくといい、旅券を見せれば、警察はたいていは釈放してくれる、ということだった。

捕えられた男たちのうちには、即座に処刑された者もいた。女たちは夫や父や息子を助けるために、気ちがいのように走りまわり、ベルリンにある各国領事館のまえには、入国査証を求めるユダヤの女たちが長い列をつくった。しかしユダヤ人のために、快く、しかも無制限に入国許可を与える国は少ない。いや、ほとんどなかったというべきだろう。状況は絶望的である。

この日以後、ユダヤ人の店はすべて閉鎖を命じられ、商売をしたいものは自宅でコッソリとするほかなくなってしまった。コーヘンのマイネッケ街《シュトラーセ》のパレスチナ事務所も閉じられた。

同じ十一月十日の朝、ヴィーンにあるパレスチナ事務所の所長モーリッツ・フライシュマンは、事務所に電話をかけた。

「暴動が起こっている。そちらは何かあったか？」

「はい」

電話の向こうの声はそうこたえただけで切れた。もう一度かけてみるが、こたえは同じである。フライシュマンは子供が行っている友人の家へ電話をして、今日は家にかえらないように、様子を見てノイリング街《シュトラーセ》の友人ティショウの家に行くようにといいつけ、それから心配そうにしている妻をふりかえっていった。

「事務所に行ってくる。何かあったらしい。どうも様子が変だ」

事務所のまえまでくると、なぜか扉は閉ざされ、「模様がえにつき、立入り禁止」の札がさがっている。しかし立入り禁止とは、ユダヤ人以外の人間にたいすることばだろう。フライシュマンはドアを押した。ドアは簡単にあいたが、そのかげに黒服の男たちが立っているのが目にはいった。親衛隊員である。

「はいってこい」

尻《しり》ごみするフライシュマンを見て、親衛隊員がどなった。

建物は親衛隊でいっぱいだった。どの窓にも二人ずつ隊員が見張りに立ち、だれも外に出られないようにしている。何も知らずに事務所に来た多数のユダヤ人が、捕えられて大広間に集められ、不安そうにうずくまっていた。

一時間ほどたってから、外に自動車の音がして、一人のスラリとした将校が建物にはいってきた。隊員たちがいっせいに、踵《かかと》をカチッといわせて不動の姿勢をとる。フライシュマンはこの将校を知っていた。ヴィーンのユダヤ人移住中央事務所長、アイヒマン中尉である。アイヒマン中尉は広間に来て、ユダヤ人たちをまえに、「きみたちユダヤ人は、ヴィーンから絶対に外に逃げたりしてはいかん」といった。「こんな状態は長くつづくわけではない。いいか、おとなしくしているんだぞ」

それからあと、ユダヤ人は全員自宅までの通行証を渡され、かえってよろしい、といわれた。フライシュマンは妻子が待っているはずの友人、ティショウのアパルトマンにもどった。ユダヤ人の店の破壊と焼打ちはまだつづいていて、町の方々から真黒い煙が上がっている。妻と子供は、フライシュマンの顔を見て抱きつき、もう絶対に外に出てはいけない、といった。

　だが家にいるから安全というわけにはゆかない。夕方六時にドアのベルが鳴り、出てみると三人の突撃隊員とゲシュタポが一人立っていた。ゲシュタポは一人一人に、「きさま、名まえはなんというか」ときいた。「パレスチナ事務所長、モーリッツ・フライシュマンです」といって身分証明書を見せると、

「そうか、きさま、おれといっしょに本部まで来い。身分証明書を照合する」

　ゲシュタポはフライシュマンの息子も、一緒に連行しようとした。息子はこのとき十四歳である。フライシュマンの妻は、子供を両腕に抱きかかえて、

「いけません。この子はまだ十二なんですから……」

「そうか十二か」とゲシュタポがいった。「十二なら勘弁してやっていいだろう」

　フライシュマンとティショウは、ユルガッセの警察本部に連れて行かれた。みちを歩くと、おびただしい群衆が、「ユダヤ人を殺せ！」と口々に叫びながら、うしろからついてくる。本部にはすでに驚くほど多数のユダヤ人が集められていて、ゲシュタポが鉄の棒を手にもち、ときどき彼らをなぐりつけていた。そのたびに悲鳴が起こる。

　フライシュマンはここでほかのユダヤ人といっしょにトラックに乗せられた。いったいどこに連れてゆくのか。トラックはそのうちにドナウ運河の橋をこえた。橋をわたってまっす

ぐゆけば、カリアン街《シュトラーセ》である。道は見わたすかぎり、群衆で真黒に埋まり、彼らはあいかわらず、「ユダヤ人を殺せ」と叫んでいる。

トラックがやがて止まったのは、学校の門の前だった。門の両側には鉄兜《てつかぶと》をかぶった兵隊が立ち、手に棍棒《こんぼう》を持っている。「降りろ」という号令がかかり、ユダヤ人は三百人ずつ、一つの教室に押しこまれた。教室は四十人くらいを収容する大きさにできているから、三百人では立錐《りっすい》の余地もない。傷を負っていない者は一人もなく、だれもが血を流し、汗は滝のように流れ、血と汗と人いきれで、窒息しそうである。

この拷問《ごうもん》が、夜の七時から六時間、午前一時までつづいた。一時に親衛隊員が来て、ドアを開き、「きさまら、中庭に出ろ」といった。中庭は寒かった。ぐっしょり汗をかいていたおかげで、十一月のヴィーンの寒気が、骨の髄まで凍らせるようにしみこんでくる。「坐《すわ》っちゃいかんぞ」長い一晩である。しかしこういう晩が、ここに集められた人びとの大部分にとっては、これからさきいく日もいく年も、最後にガス室が解放の慈悲を垂れてくれるまでつづくだろうということを、まだだれひとりとして知らなかった。

朝十一時に、アイヒマン中尉が姿を現わした。「きさまらは、当分ここにいるんだ」と彼はいった。「民衆の敵意から、きさまたちを守ってやらなければならない」

数日たってから、フライシュマン以下、パレスチナ事務所とユダヤ協会に勤務する数人の男たちは、「ここで見たこと、知ったことは、いっさい口外しません、違反した場合には死刑になることをみとめます」という誓約書に署名、捺印《なついん》のうえ、帰宅を許された。ほかの男たちは、すべてダハウの収容所に送られたということを、フライシュマンはあとで知った。

これが有名な十一月九日のポグロム《虐殺》であり、ナチのいう「ガラスのこわれた夜」あるいは「水晶の夜」である。事件のきっかけはその二日まえ、十一月七日に、ヘルシェル・グリンシュパンという一ユダヤ少年が、パリ駐在ドイツ大使館三等書記官、フォム・ラートを暗殺したことにあった。ユダヤ人大弾圧の機会をうかがっていたナチ政府は、ここに絶好の口実をあたえられたと考えた。十一月九日、ミュンヘンで行なわれた「古強者《ふるつわもの》の会」席上の、ゲッベルスの激越な演説が合図だった。フォム・ラートはたちまち民族の英雄にまつり上げられ、暴動の采配《さいはい》はゲッベルスがふるう。実際の組織、立案には親衛隊保安本部とゲシュタポの長、ハイドリッヒがあたり、実行面は多く突撃隊がうけもつ。「民衆の怒りである」とナチ政府は言明した。

この「暴動」によって、七千五百のユダヤ人商店が略奪をうけ、二百以上のシナゴーグ（ユダヤ会堂）が炎上、もしくは破壊される。逮捕されたユダヤ人は約二万六千人で、彼らはダハウ、ブッヒェンヴァルト、ザクセンハウゼンの収容所に送りこまれた。なおこの数字は、当時の収容所のもつ収容能力の最大限を示すものであって、ハイドリッヒは、収容所に収容できるかぎりのユダヤ人を捕えること、とくに富裕なユダヤ人をねらうことを、警察と親衛隊、突撃隊に厳命していたのである。

しかし破壊された商店には、ドイツ人がユダヤ人に貸していた建物も多かった。こわされたガラスは、総額五百万マルクに達し、これだけでも外貨に不足していたドイツの経済にとっては大損害だろう。そのうえ保険の問題も起こった。保険会社は、ユダヤ人のうけた損害二千五百万マルクを、支払わないわけにはゆかない。払わなければドイツ保険業者の信用は国際的に無に帰するし、かといって払えば、大小無数の保険会社は、破産の運命をまぬがれないのである。そこでドイツ四か年計画総裁ゲーリングは、ユダヤ人に十億マルクの「罰金」を払わせることを思いついた。保険はいちおう払うけれど、損害のつぐないをするのは結局ユダヤ人自身であり、「罰金」の一部は、保険会社に政府の手をとおして払いもどされる。

ドイツ国籍をもつユダヤ人の贖罪《しよくざい》に関する法令　一九三八年十一月十二日

一、ドイツ国籍を有する全ユダヤ人にたいし、帝国《ライヒ》に総計十億ライヒスマルクを支払うことを命じる。

二、このための施行規定は、帝国蔵相が関係閣僚の同意の下に布告する。

ユダヤ人商店その他の復旧に関する政令　一九三八年十一月十二日

一、ナチ・ドイツにたいする国際ユダヤ主義の敵性的態度に憤激したドイツ国民は、一九三八年十一月八日、九日、十日の三日間にわたって、ユダヤ人商店、住宅の多くを破壊したが、そのあらゆる破損は、被害者であるユダヤ人自身が修理、復旧させるべきである。

二、(1)　復旧のために生じる経費は、被害者であるユダヤ人自身が、これを負担する。

(2)　ドイツ国籍をもつユダヤ人の保険による取得金は、帝国がこれを没収する。

しかも復旧した店舗を、ユダヤ人がつかうことは爾後《じご》禁じられることになった。同じ十一月十二日付の法令は、ユダヤ人の小売販売、運送店、手工業、いっさいの商活動を禁じ、また労働組合への参加も厳禁とした。ユダヤ人は演劇、映画、音楽会、講演会までも含むあらゆる文化的催しに参加してはならないし、入場してもならない。有価証券、株券はすべて強制寄託を命じられ、宝石、装飾品も、持っていてはならない。自動車の免許状は没収され、車をもつことはもちろん禁止事項である。薬剤師、獣医も禁止。要するにすべての社会活動がいけないのだ。

一九三五年のニュールンベルク法が、ユダヤ人の公民権停止宣言だったとすれば、三八年十一月のポグロム法は、ユダヤ人の生活権停止宣言だった、ということができるだろう。

ここで日本について、書いておく。ドイツのこれらの施策は当時世界にひろく知られ、日本にも当然ながら伝えられていた。キリスト教国ではない日本は、歴史的にユダヤ人問題に無縁で、一部の人びとが関心をもちはじめたのはロシア革命以降である。しかし第二次大戦のまえには「盟邦」ナチ・ドイツの影響で、日本にも少数ながら熱烈なユダヤ主義者が登場する。

それらの人びとの手による当時の著作を見ると、ニュールンベルク法やポグロム法がかなり詳細に説明されている。たとえば宇都宮希洋は昭和十四年（一九三九年）刊行の大著『ユダヤ問題と日本』のなかで、「従来は、反猶空気中で住み憎くはあるが、とにかく生計だけは立っていた猶太《ユダヤ》商人も、この新法令ポグロム法――に依って、その途《みち》が断たれることになった」と断じている。

「独逸経済界の猶太勢力は、これによって早速に完全除去の日を見るだろう」

「水晶の夜」事件を指揮したハイドリッヒは、ヒムラーの右腕として活躍した男であり、親衛隊保安本部を創設した人物である。彼は背のスラリと高い、額の広い、神経質な顔だちの男で、当時三十四歳だった。元海軍中尉。陰険な、おそろしく狡猾《こうかつ》な人間だが、女ぐせのわるいところが弱点で、レーダー提督に近いある実業家の娘を誘惑して棄《す》てたことから軍法会議にまわされ、海軍をクビになった。

一九三一年に、友人の世話でヒムラーに会い、たちまちその信任を獲得する。ハイドリッヒの部下の一人、諜報《ちょうほう》部長のシェレンベルクは、――これもその手記で見ると、相当に陰険な嘘吐きだが、――彼を次のようにえがき出している。

「ハイドリッヒは、動物のように狡猾な、異様に活潑《かっぱつ》に動く小さな目をもっていた。そのうえさらに、猛禽《もうきん》のような長い鼻と、唇の厚ぼったい大きな口なのだ。手は細く、どちらかというと長すぎるくらいで、蜘蛛《くも》の長い脚を思わせた。全体としてこの顔は美しかったが、その厚い唇のために女性的に見え、それがいっそう陰険な印象をあたえた。声もこんな大きな男にしてはカン高く、話しかたは神経質でセカセカしている（中略）。音楽を愛し、彼自身ヴァイオリンを巧みに弾いた。しばしば自分の家で、室内楽のパーティを開いたものである」（『秘密機関長の手記』大久保和郎氏訳による）

シェレンベルクは、ハイドリッヒが人間を決して信用しなかったという意味のことを書いているが、この点ではシェレンベルク自身も同じで、彼はたえまなく、自分の同僚や上役をおとしいれることをもくろんでいる。その情熱は異様であり、いったいだれと戦争をしているのか、手記を読んでいるうちにときどきわからなくなってくる。要するにナチがいっぱいかかえこんでいた群小ニヒリストの一人、ということになるだろう。

その小型ニヒリストの一人、ヴァイオリン愛好家、ハイドリッヒのひきいる部局は、「水晶の夜」暴動よりまえ、一九三六、七年ころには、クリポ（刑事警察）と、ゲーリングからひきついだゲシュタポと、親衛隊保安本部、すなわちS・Dとの、大要三つの部門に分かれていた。S・Dの局長は親衛隊准将《オーバーフューラー》メールホルン博士であり、ゲシュタポ局長は、まえのディールスにかわって、やはり当時まだ准将だったミュラーである。

一九三六年六月、それまでドイツ各州にあった州自治警察が歴史上はじめて廃止され、プロイセン州警察長官（代理）ヒムラーが、初代全国警察長官に任じられる。これはヒムラーにとっては、まさに待望の日だったろう。彼が全部の警察をにぎったということは、警察権が名実ともに親衛隊の手にひきわたされたことを意味した。じっさいヒムラーは、警察長官に任じられるとすぐ、組織の改編を命じ、親衛隊の各地区の隊長が、各地警察部長を兼任するという体制をとらせ、警察管区を軍管区と同一のものとした。

プロイセン州秘密警察、ゲシュタポは、同年十月一日付をもって全国組織となり、爾後世界にその悪名をとどろかせる。ゲシュタポ、クリポ（刑事警察）、S・Dが、あらためてジポ（保安警察）の名の下に統轄され、前記のようにハイドリッヒの指揮下にはいる。制服の警察はべつにオルポ（治安警察）としてまとめられ、長官はダリューゲだった。

ゲシュタポ局長のミュラーは、のちにゲシュタポ・ミュラーと称され、秘密警察の代名詞のような存在となった人物だが、もともと彼は、刑事から叩《たた》き上げた男である。すらりとした美男子のハイドリッヒとは対照的に、ゴツゴツした感じの小男で、ひどいバイエルン訛《なま》りのことばをつかう。学校をろくに出ていないから、インテリにたいする劣等感がつよく、「インテリを一人残らず、炭坑に閉じこめて爆弾で吹きとばしたら、どんなに気持がいいだろう」などと平気でどなり散らしていた。

彼はいまだにその生死のよくわからない人物のひとりである。戦後ソ連にのがれ、四八年に死亡したらしい、とシェレンベルクはいっているが、情報は確認されてはいない。彼はナチの幹部の多くが西欧、つまり英仏にたいする憧《あこが》れと劣等感をもち、逆にソ連への強烈な侮《ぶ》蔑心《べっしん》をもっていたのにたいして、ソ連への愛着を明らさまに口にしていた。もちろん、だからといって、ゲシュタポ・ミュラーのロシア人にたいする態度に、手心を加えられたというわけではない。しかしとくに戦争末期にいたって、彼の口ぶりが容共的になったのは事実であるらしく、ソ連にいたという噂も、そんなところから出ているのである。

ナチ党のもっていた最大の特徴の一つは、仲間うちの勢力争いが、おそるべき様相を呈していたことだろう。これはスターリンのソ連についてもいえそうだが、ともかくヒトラーは、自分の独裁体制を維持するために、この仲間争いをむしろ奨励した傾きがある。陰惨な葛藤《かっとう》は彼の最後の日まで、――ベルリンの総統防空壕《ぼうくうごう》の最後の日まで――つづいた。党書記長のボルマンが、ヒトラーにゲーリングがうらぎったと思いこませ、激怒したヒトラーがゲーリングの逮捕を命じたことは有名なはなしである。ヒトラーはうらぎられたと信じて死んだ。彼の「分割し、支配する」方式は、結局彼自身の最期を、陰惨にいろどることになる。

内部争いはボルマンとゲーリングの間だけではなく、ボルマンとヒムラー、ゲーリングとヒムラー、シェレンベルクと軍情報部長カナリスとの間にもあり、ハイドリッヒとゲシュタポ・ミュラーの間にもあり、さらにゲシュタポ自身の内部にもあった。ゲシュタポ発足当時の幹部の一人、ギゼヴィウスは、「われわれが生活していたところは、殺人者の巣窟《そうくつ》だった」と書いている。

「われわれは人殺しの巣窟の中に住んでいたのだ。たとえば手を洗うのに、広間を二、三十フィートよこぎって歩くというときにさえ、みんなはまず自分の親しい仲間に電話をかけ、それからこの冒険に乗り出したものである。一瞬間といえども、安心してはいられなかったし、生命の保証はなかった。そのことを私に朝に晩に教えてくれたのは、クリポ（刑事警察）の局長、ネーベである。

ネーベは古参のナチ党員であり、上層部にも有力なつながりをもっている。しかも彼が、自分の局にたいしてもっていた考え方は、あまりにもはっきりしていた。彼は自分の部屋にはいるときには、必ず背後の左側の階段をつかい、手はポケットの、安全装置をはずした拳銃《けんじゅう》の上においていたものだった。彼は私が二階に上がるのに、不注意にも階段の手すりのそばを歩いてくるといって、いくども怒った。もっと注意深くしろ、と彼はいう。手すりの近くは階上から狙撃《そげき》される危険がある。壁に寄りそって上がってゆくべきなのだ。

「だれも気づかないうちに、ゲシュタポが同僚を逮捕するなどという事件は、ごくあたりまえのことにすぎなかった。気がつくことがあるとすれば、たまたま病院や屍体《したい》置場で被害者を目撃する、という場合だけである」

ゲシュタポとS・D（親衛隊保安本部）とは、最初のころは競争的立場にあり、そのうえゲシュタポにはミュラーをはじめ刑事出身者が多かったから、両者の間にも当時摩擦《まさつ》がたえなかった。ユダヤ人関係部門も、両名がそれぞれべつに持っていて、ゲシュタポ側は、四局B4課という課がユダヤ人の担当であり、つまりユダヤ人の迫害にあたる。メールホルンのS・D本部は、それとはべつに、自分の情報部の中にユダヤ人担当課をもち、資料の蒐集《しゅうしゅう》、研究を行なわせていた。情報部は略してI部ともいい、部長は、ベーレンツ大佐という男である。

S・D本部I部のユダヤ人問題研究課は、三五年九月、ニュールンベルク法の制定と同時に発足した。仕事はさしあたりユダヤ人関係の情報蒐集であり、そのための人員を集めてこなければならないのだが、まさかゲシュタポに、要員をくれといいに行くわけにもゆかないだろう。だいいちたのんで専門家を、くれるわけもない。S・Dの内部から、ひとをさがすほかなく、そうなるとすぐに思いつく課がS・Dにも一つだけあった。フリーメーソン関係の担当課である。

フリーメーソンは、ナチがその発足の初期にきわめて重要視した存在であって、S・Dはフリーメーソンの調査のための課を特設し、またフリーメーソン博物館の運営をうけもっていた。博物館にはドイツ全国のフリーメーソン会館からもってこられた参考資料が分類、陳列され、粒選《つぶよ》りの親衛隊員がその管理にあたる。ゲーリングやゲッベルスも、ときどきここを訪れたものである。

一九三五年の夏のある日、新設予定のユダヤ人課に属する少尉が、その博物館にはいっていった。博物館ではちょうど一人の軍曹が、資料にラベルを貼ったり、分類したりの仕事をしている。「陳列品の説明をしてくれ」と少尉がたのむと、軍曹は要領よく、フリーメーソン組織と、蒐集品の解説をした。

「よく勉強しとるな」

「はっ」

「名まえはなんという?」

「親衛隊軍曹、アドルフ・アイヒマンであります」

「そうか。……おれはこんど、ユダヤ人の課をつくることになったのだが、きさま、おれのところにこないか?」


アイヒマンはラベル貼りやカードづくりの仕事には飽き飽きしていたから、一刻も早く、この憂鬱《ゆううつ》な博物館をとび出したかった。しかしゲシュタポ内部の争いのはなしは、彼のところにもきこえてきていた。バイエルンにいたときとはちがって、ここでは軽挙妄動は許されないだろう。彼はひとに向かってする返事は、二とおりだけにきめていた。気にいったときは、もちろん「はい《ヤー》」であり、そうでないときは「アーメン」である。このときが「ヤー」だったことは、いうまでもない。

「はっ《ヤーヴォール》、親衛隊少尉《ヘル・ウンターシュトゥルムフューラー》どの」

「おれの名はフォン・ミルデンシュタインだ。あとで訪ねてこい」

アイヒマン軍曹は、ふたたびヴィルヘルム街《シュトラーセ》、一〇二番地の親衛隊保安本部《エス・デイー》にもどった。

フォン・ミルデンシュタイン少尉はアイヒマン軍曹に、シオニズム運動の指導者、ヘルツルの著書『ユダヤ人国家』を読めといい、読んだら報告書をつくれといった。ユダヤ人問題は、ベルリンに出てくるまでのアイヒマンには、それほど大きな関心の対象となってはいなかった。オーストリアのキリスト教社会党には反ユダヤ主義がつよかったし、汎《はん》ゲルマニストの一人として、彼自身もユダヤ人の罵倒《ばとう》を口にしたことはある。ドイツに来たばかりの当時も、ミュンヘンの酒場で、ユダヤ人二人を相手に喧嘩《けんか》をしたことがあるが、彼の反ユダヤ主義は、せいぜいそんな程度を出なかったのである。親衛隊保安本部でフリーメーソンの研究にはげんだことが、彼にはじめてユダヤ人への目をひらかせた。

ヘルツルの著書は感動的だった。ロマンティックなユダヤの民族主義は、彼の心にしみる。二千年の歳月を背景とした一民族の望郷の歌は、オーストリア育ちのドイツ人の胸に、強烈に訴えかけたのである。アイヒマンは後年、述べている。

「ヘルツルの著書は、それまで読んだことはなく、評判をきいたこともなかったのですが、読んで非常に興味ぶかく感じました。私は真剣になって読みました。私がこの本に、これほどつよい親近感をもったのは、私のロマンティックな側面、つまり自然や山や放浪を愛する私の心情にもとづくものだと思います」

ユダヤ人の心情が理解できただけに、彼はこの民族の存在を、怖《おそろ》しいものに感じた。彼らはパレスチナに、民族の永久の憩いの地を求める。望郷の念は痛切であって、その実現のためには、彼らは手段をえらばないのではないか。彼らがめざすところは民族国家の建設であり、つまりはドイツからの分離であり、したがってユダヤ人は、ドイツ人ではあり得ない。ドイツ人にとっては、この集団は国家内国家であり、祖国の中の恐るべき一敵国なのだ。

総統は正しかった、とアイヒマン軍曹は思った。ゲルマン民族のためには、彼らを国内から根こそぎにしなければならない。彼ら異民族を、海の向こうに追放すべきだろう。アイヒマンはその点を強調しながら、覚書をつくり、フォン・ミルデンシュタイン少尉に提出した。フォン・ミルデンシュタインも、ユダヤ人問題の研究に、情熱を傾けている男である。彼は覚書の中のいくつかの箇所に訂正の筆を加え、副部長の親衛隊大尉《ハウプトシュトルムフューラー》ハルトマン博士に文章をなおしてもらったうえで、この覚書を親衛隊指導要項の一つとし、隊員たちに配付した。

ヒムラーの野心は、ドイツ全土の支配権を麾下《きか》親衛隊の手に掌握することであり、ハイドリッヒの野心は、その警察権を、自分の下のS・Dに統轄するということである。彼らはその野心を、三三年から三九年まで、一歩一歩実現していったのだが、この野心の実現に応じて毎年、秘密警察の編成は変り、それとともにアイヒマンの部署の名まえも変った。

一九三六年六月二十六日にクリポ（刑事警察）とゲシュタポ（秘密警察）が前述のように、ハイドリッヒの指揮下にはいり、つづいて十月、ゲシュタポは全国組織となる。翌一九三七年五月、ヒムラーの命令は行政的にも閣僚の命令と同じ効力をもつ、ということが公けに確認され、同九月、親衛隊保安本部、すなわちS・Dは、今後国家警察と協力して治安の任にあたるべし、という命令が出た。

アイヒマンの属したユダヤ人問題研究課は、はじめはI《イー》（情報）部といわれていた。のちにこの部は、S・D中央本部《ツエントラル・アブタイルング》II局112課（略称ZWO）となり、さらに一九三九年、国家保安本部（RSHA）ができてからは、そのIV局（ゲシュタポ担当）に統合される。S・D中央本部時代のII局の局長は、はじめベーレンツ大佐、親衛隊少佐《シユトルムバンフユーラー》ジックス博士がこれをつぎ、ジックスの副長親衛隊大尉エルリンガー博士が、II局1部の主任代理をつとめていた。その下のII局112課主任は、フォン・ミルデンシュタイン少尉。ミルデンシュタインがほかに転出してからは、シュレーダー少尉である。

シュレーダーはユダヤ人問題については、ほとんど何も知らない男である。彼は自分の部下のアイヒマンが、ヘルツルを読み、ユダヤ民族の他民族に同化してゆく理論、いわゆる同化理論を学び、さらに現代ヘブライ語まで勉強して、S・D部内でのユダヤ人問題の権威といわれているのを、少々けむったいものに感じた。

「きさまなどは、おれの気持一つで、いつでもクビにできるんだぞ」

「はっ《ヤーヴォール》、少尉どの《ヘル・ウンターシュトルムフューラー》」

あきれた男が来たものだ、とアイヒマンは内心思った。シュレーダーはまた、着任してすぐにハイドリッヒあての報告書をつくり、S・Dとゲシュタポの部門が複雑に分かれすぎているということを書いた。S・D中央本部II局112課は、秘密警察のII局（ゲシュタポ）B4課（ユダヤ人担当）と、もっと緊密に協力すべきだし、さらに同じS・Dの中で、ユダヤ人経済をあつかう課が、II局3課としてべつに存在するのは不都合であろう。

シュレーダー少尉はわずか数週間で部を去り、次にヴィスリツェニイ（後のアイヒマンの副官）が、上役としてきたが、このときから、S・Dとゲシュタポとのユダヤ人部門に関する協力は、いままでより緊密となり、アイヒマンもゲシュタポにその名を知られるようになった。ゲシュタポとS・Dとの関係部局を統合すべしというシュレーダーの要望は、一九三九年、国家保安本部の創設によって、実現されるのである。

シュレーダー少尉の場合はべつとして、アイヒマンの上役のうけはよかった。彼は三五年三月に、チェコ生まれの魅力的な少女、ヴェロニカ・リーベルとパッサウで結婚した。挙式のためにわざわざパッサウまで行ったのは、そこが二人の知りあった思い出の地であったからであり、またそれ以上に、パッサウは、山をこえて彼がドイツに来たとき、最初にこの青年を迎えてくれた土地だったからなのだ。パッサウの名は彼の人生の門出の地として、その心に美しい音色をひびかせていた。

二人はベルリン郊外、オンケル・ヘルセ街《シュトラーセ》にささやかな家をもった。彼の人生の、もっとも平和な日々であったろう。アイヒマンは結婚後まもなく曹長となり、三五年九月には親衛隊上級曹長《ハウプトシャルフューラー》に任官する。翌年九月には、ジックス局長のおともをして、ニュールンベルクの党大会に参列した。

一九三七年（昭和十二年）は、ドイツ軍によるゲルニカ（スペイン領）爆撃の年であり、蘆《ろ》溝橋《こうきょう》事件の年であり、日独伊防共協定成立の年である。前年七月にはじまるスペイン内乱は、新興ドイツ空軍に、恰好《かっこう》な「訓練場」を提供し、ゲーリングの爆撃隊は、反フランコ陣営の不幸なスペインの男女の上に、爆弾の雨を降らせた。世界はヒトラーが混乱のドイツをまたたくうちに統一し、失業者をなくし、りっぱな道路を建設し、そのうえ、三十六個師団の常備軍をもって世界最強の国をつくりつつあるその手ぎわに、驚嘆の眼《まなこ》をみはっていたし、新たに成立した英国のチェンバレン内閣は、ヒトラーに宥和《ゆうわ》の手をさしのべようとしていた。

大会のおわりの日に、ヒトラーは壇上にのぼり、広い会場を埋めつくした鉄兜姿の親衛隊員や、幕僚や、外国使臣をまえにして、われわれこそ、反共のための十字軍の先鋒《せんぽう》をつとめるものである、と演説した。ナチズムと共産主義は、両者あい容《い》れざること、キリスト教と回教のごとくである、と彼は叫んだ。そして共産主義とは絶対確実なる証拠によれば、世界征覇をもくろむユダヤ人の陰謀のあらわれにほかならぬ。疑う者はスペイン戦争を見よ。「ユダヤ人はロシア人の上に残忍な独裁政治をもたらし、それでもなお飽き足らずに、こんどはその魔手を、ヨオロッパの上にひろげようとしている。ロンドンやパリのソファの上に坐る素人の政治家たちは、これほどにも明白な事実に気がつかないのであろうか」

アイヒマン上級曹長は、隊列の中から、この郷党の大先輩ヒトラーの姿を、まぶしい思いで仰ぎ見ていた。いわれているところはすでにききなれたことばだが、それが総統の口から出ると、あらためて感動が湧き起こる。旗の波におおわれた会場、絶叫する総統の姿こそ、まさに民族の力、民族の美の、ほとばしりにほかならないだろう。上級曹長は学生時代に読んだカントのことばを思い出した。当時はカントのいう「定言命法」とは、具体的に何のことなのか、理解に苦しんだものだが、いまようやく、そのことがはっきりとわかったという気がする。

この世に信じるべきものが、血と土とだけである以上、また信じるに足りる価値が、その民族の力にだけある以上、自分たちが民族の力と力が織りなす美に身命を捧げるのは当然だろう。すなわち指導者ヒトラーの命令への忠誠は、人間の義務であろう。

ドイツ人としての自分が、守らなければならない絶対の命令があるとすれば、それはヒトラーの命令である。そうだ。定言命法とは、具体的にはそのことをおいて、ほかにはあり得ないではないか。

カントのいうように、道徳律は頭上をめぐっている星空とともに、感歎と崇敬とをもって心を充《み》たすにちがいない。そして道徳律は、われわれに命じるのである。

「自分の名誉《マイネ・エーレ》、それは忠誠《ハイスト・トロイエ》であります！」

党大会のあとまもなく、アイヒマン上級曹長は同じ課のハーゲン上級曹長と一緒に、当時イギリス委任統治領だったパレスチナと、カイロへの旅に出た。九月二十六日の朝、ベルリンを発《た》った二人は、汽車でまずポーランドに行き、ルーマニアから汽船「ルーマニア」号にのってイスタンブール経由、パレスチナのハイファに向かう。ハイファに着いたのは、十月二日の午後六時だった。

ハイファは地中海にのぞむ斜面にひろがる美しい町である。強烈な陽《ひ》ざしに白い建物や街路樹が、鮮かな影をおとし、バハイ教と呼ばれる奇妙な宗教の殿堂の円《まる》屋根が、そのまんなかあたりに、金色に、燦然《さんぜん》と輝いている。斜面のみちを上ってゆくと、うしろにつらなるのがカルメル山と呼ばれる丘であって、ここからは港が、紺青《こんじょう》の地中海が、その中にくっきりとうかぶ船の群が、眼下に見える。右手の海岸線上には工業地帯の煙突がつづき、茫とかすんだあたりに、十字軍がかつてつくったアッコの古城が望まれるのである。

いまはここはイスラエル領で、ユダヤ人はこの町を中東のナポリといって自慢にしている。ナチに家族の全員を殺され少々頭のおかしくなったユダヤ人に、トヴィア・フリードマンという人物がいて、彼は自分がアイヒマンを捕えたのだと称する本を刊行した（日本でも訳本が出て、ベストセラーになった）。ぼくは彼の家を訪れたことがあるが、家は同じハイファの丘の上に立つアパルトマンの一つだった。夫人は窓から海を眺めながら、日本でも海はこんなに青いか、とぼくにきいた。

二十四年まえ、アイヒマンとハーゲンとは、四十八時間の乗換客用通行査証をもらってハイファの土を踏み、タクシーで、やはりこのカルメル山を訪れているのである。海を知らないで育ったアイヒマンには、とりわけこの景観は感動的だった。彼はヘルツルの著書『ユダヤ人国家』を想起し、あのロマンティックな民族の書にとって、この土地こそまさにふさわしい場所だと思った。彼はユダヤ人問題に深く首を突っこんでいるだけに、上役たちとはちがって、ユダヤ人には単純な嫌悪の念だけをもっては対していない。彼の中には、ユダヤ人の民族主義的情熱にたいする奇妙な愛情が、憎悪とともに同居している。

アイヒマンとハーゲンとは、ハイファでドイツ諜報機関のライヒェルト博士と連絡をとったのち、船でアレクサンドリアに行き、カイロでアラブ民族主義者たちと会見する。当時エルサレムの回教大法官《ムフティー》は、ヒトラーの熱心な崇拝者であり、ドイツは彼を通じて、パレスチナ工作をすすめていたのだが、その大法官《ムフティー》とも、カイロで会うことができた。パレスチナにはもう一度はいりたく、正式の入国許可証を申請したけれど（アイヒマンは煙草会社の社員、ハーゲンは学生ということになっていた）、この申請は却下された。二人は十月二十六日、ベルリンに帰着する。

ドイツが中近東に手をのばしはじめたのは当時のカイゼル《皇帝》がベルリン、バグダッド間の鉄道開設のために、イスタンブールを訪問したのが最初である。第一次大戦が勃発《ぼっぱつ》し、トルコはドイツ側に立つ。そのころトルコ領は、スエズ運河の東岸のシナイ半島までのびていた。スエズ運河はイギリス本国とインド以下の東方領土とをつなぐ兵站《へいたん》線であって、ここを切断されたらイギリスは涸渇《こかつ》する。

苦境におかれたイギリスは、アラブ人のシャリフ、フサイン・イブン・アリーと交渉して、もしアラブ人が連合国側に立ち、トルコと戦ってくれるなら、勝利の暁には、全アラブ人諸国に統一と独立を許し、フサインを王とするであろうといった。交渉にあたったのは、有名なアラビアのロレンス、ロレンス大佐である。

次にフランスとの間に中東の勢力分野に関する密約を結び（サイクス＝ピコ協定）レバノン、シリア、及びトルコ領の一部をフランスに与え、それ以外はイギリスがもらいうけることにした。この二つの協定はすでに矛盾している。しかも矛盾はそれだけにとどまらなかった。一九一七年に、こんどは同じイギリスの外相ジェイムス・バルフォア卿《きょう》が、有名なバルフォア宣言に署名する。状況が許し次第、大英帝国はユダヤ人に、パレスチナにおいてナショナル・ホームの設立を許すであろう、という趣旨の宣言であって、ユダヤ人がよろこんだことはいうまでもない。ユダヤ人とアラブ人は、それぞれ自分たちにあたえられたイギリスの約束を信じて、連合軍に協力した。

第一次大戦がおわった当時、すなわち一九二〇年ころには、パレスチナには約十万のユダヤ人がいた。彼らの大部分は、故郷の土を求めて、裸一貫で入植した人びとであり、貧しい農民たちである。彼らは一九二〇年に農民互助組合（ヒスタドルート、現在のイスラエル労働総同盟の前身）をつくり、集団農場をつくって、荒地をきり開いていったが、そういう彼らの存在は、アラブ人の目には、自分たちを脅かす仇敵《きゅうてき》としてうつった。ユダヤ人にとってパレスチナが、二千年まえの故郷なら、アラブ人にとっても、千二百年まえからの住居であろう。二千年まえの大家が出てきて、立ちのけといっても、だまって引きさがるわけがない。二千年まえの証文が生きるなら、アメリカはインディアンのものだし、ロシアはジンギスカンのものだ、とアラブ人たちはいう。

のみならず、アラブ人の指導者層はすべて大地主だから、経済的な意味でも、彼らとユダヤ人の貧農たちとは、対立しないわけにはゆかない。イスラエルはいまでもそうだが、社会主義者が多く、また当時は共産主義の運動もつよかった（共産主義の方は、いまのイスラエルにはほとんど存在しない。共産党は、国会に二、三の議席をもつが、実際に彼らを支持しているのは、国内在住のアラブ人が大部分である）。人種的対立に経済対立がからみ、パレスチナは、血みどろな闘争のさなかにおかれる。イギリスに伝統的な分割統治策の、大きな成果というべきか。

しかし正直のところ、イギリスも自分がタネをまいたこの紛争には手を焼いていた。イギリスの軍部は伝統的に反ユダヤで、（欧米の軍はたいていそうだったが）アラブを擁護する立場にあり、したがってユダヤ人移民がこれ以上パレスチナにはいってくることを歓迎しない。アラブ人からの強硬な要求があり、イギリス政府はユダヤ人の移民を制限し、パレスチナでの新しい土地の購入も禁止するにいたった。そこに目をつけたのがドイツである。

ドイツがユダヤ人を無一文にしてパレスチナに送りこめば、立場上、だれよりも困るのはイギリスだろう。アラブの大法官も反対するかも知れない。しかしこの方は、ナチびいきなのだから、ある程度まで因果をふくめることができる。ハーゲンとアイヒマンがシェレンベルクの諜報機関の手びきで、はるばるパレスチナ、カイロまで行ったのも、そういう情勢をしらべるためだった。アイヒマンは、パレスチナへの移民は政策上、限度以下にとどめるべきこと、パレスチナは国土の大部分が水のない荒地であって、経済的には絶望状態にあることを、その報告の中にしたためている。

経済的にうまくいっていないのは、一つにはユダヤ人の無能力によるものであり、彼らがお互いどうし欺《だま》しあってばかりいるから、満足なとりひきができなくなってしまったのだ、とハーゲン＝アイヒマン報告書はいう。ユダヤ人の無能力云々《うんぬん》は嘘だが、当時のパレスチナの大部分が荒蕪地《こうぶち》だったことは事実である。

パレスチナのユダヤ人の一人は、「イギリスはユダヤ人移民の数を制限しているが、一人あたり千ポンドの財産持出を許してさえくれれば、毎年五万人の移民をドイツから導入するみちはある」とアイヒマンにいった。そんなことはできない、とアイヒマン上級曹長はこたえた。

「第一に、われわれはユダヤ人の資本を、外国に移すという意志をもたない。ユダヤ人は財産をすべてはぎとられたうえで、はじめて亡命を許されるのである。

第二に、年間五万人の移民は、パレスチナのユダヤ人の地位を、向上させるために役だつばかりであろう。この点では議論の余地はない。ドイツ帝国《ライヒ》の利益という見地に立つかぎり、われわれはユダヤ人国家が国外に創設されるのを避けなければならない」

ベルリンにかえったアイヒマンは少尉に昇進した。三八年三月十二日、ヒトラーの国防軍《ヴェアマハト》はオーストリアになだれこみ、十三日、ヒトラーはその「故国」オーストリアに、歓迎の花環《はなわ》に埋もれながらはいってゆく。ヴィーンには新たにユダヤ人移民事務所が開設され、アイヒマン少尉が、そこの所長に任命されることになった。

移民事務所所長としてのアイヒマンの仕事は、きわめて能率的に遂行された。着任早々、彼がまず行なったことは、ユダヤ人教会とシオニズム運動本部との役員たちを呼びよせ、その詳細な名簿をつくらせることであり、次に彼らから、二十一万マルクの寄付金をとりあげることであり、向こう一年間に、二万人のユダヤ人から財産をはぎとって国外（パレスチナを除く）に送り出すことを、彼らに約束させることだった。ユダヤ人の大富豪、ロスチャイルド男爵の財産家屋も彼の命令により没収され、家財道具を何日間もかかって親衛隊員が車ではこび出す。『第三帝国の興亡』を書いたシャイラーは、たまたまこのとき、ロスチャイルド家のとなりにあるホテルに泊っていて、親衛隊員がその邸《やしき》から、銀器や壁掛けや絵画や、その他の略奪品をはこぶのを見ていた。

からっぽになったロスチャイルドの家におさまったのは、アイヒマン少尉自身である。オーストリアの田舎町で、セールスマンをしていた男、学校も途中でやめて頁岩坑《けつがんこう》で働いていた男が、いま夢にみたヴィーンの町の、ロスチャイルド男爵家の書斎の豪華なシャンデリアの下に坐《すわ》る。

しかしアイヒマンの昇進は、決して早い方ではなかった。ナチは過去の体制の破壊をとなえ、中産下層の不満分子を大量に吸収することに成功したが、ナチがつくりあげたのはじつは学歴社会だった。親衛隊でも、大学を出ていなければ偉くはなれないのである。第二次大戦がはじまって親衛隊も戦場に出るようになってからは、戦場での勲功で将官になるみちが開かれた。そういう場合をべつとすれば、大学を出ていないとせいぜい中佐どまりだった。

アイヒマンは一九三九年まで七年かかって、やっと大尉——のちに中佐——である。同じ期間に同郷のカルテンブルンナーは、下士官から将軍へと階段を駆け上がった（のちに大将）。ハイドリッヒはアイヒマンと年齢は二つくらいしかちがわないのに、元海軍中尉の肩書がものをいって、国家保安本部の長官におさまっている。オットー・オーレンドルフは経済学と法律学をおさめた学者で、年齢はアイヒマンより下だが国家保安本部の局長をつとめ、のち一九四一年には少将に任官した。例外は、刑事上がりのゲシュタポ・ミュラーくらいだろう。

それを思うと、アイヒマンは不満だった。この学歴社会で地位を獲得するみちは、ユダヤ人問題の「専門家」というその特権を生かす以外にない。幸いにナチの上層部は、ユダヤ人問題の「解決」を最優先政策の一つとしていた。

一九三九年の二月、ユダヤ人移民協会の議長、フランツ・エリーゼル・マイヤー博士は、突然ヴィーンの移民事務所に出頭するよう命令をうけ、ベルリン・ユダヤ人協会会長シュタールと一緒に汽車でヴィーンに行き、ロスチャイルド男爵邸を訪れた。

入口のところにいた親衛隊員の歩哨《ほしょう》に、ベルリンのユダヤ人代表部の者ですが、というと、歩哨はちょっと待てといい、電話の受話器をとって、「いまベルリンから、その……その……」と二人の老人の方を横目で見ながら口ごもった。「紳士が来た」とユダヤ人をさしていうわけにはゆかず、どういったらいいか、わからないのである。

一階の左手にりっぱな大広間があり、そこにアイヒマンが坐っていた。大尉だった。マイヤー博士はアイヒマンと会うのははじめてではない。ベルリンにアイヒマンがいた当時、マイヤーはいくどか彼に会いに行ったことがある。ナチのユダヤ人迫害がめちゃくちゃで、これでは移民、国外渡航も能率が落ちるばかりである。なんとかしてもらいたい、とアイヒマンにたのむと、彼は「よろしい、上役にいってみるから夜まで待て」といい、よくたのみをひきうけてくれた。当時の彼はおとなしい下っぱ役人という感じだった。

しかしいま、このロスチャイルド家の広間のアイヒマン大尉を見て、マイヤーは愕然《がくぜん》とした。まるで別人のような感じである。彼は生殺与奪《せいさつよだつ》の権をにぎる人間として、傲然《ごうぜん》と、そこに坐る。まえに会ったことがあるなどということは、そぶりにも見せないし、二人は坐らせてもらえなかった。シュタールがうっかり、手をポケットに入れると、大尉はびっくりするような大声でどなった。

「手を出すんだ、老いぼれめ」

同じ三月の末、シュタールたち、ベルリン・ユダヤ人代表部の幹部は、こんどはベルリンの、プリンツ・アルブレヒト街《シュトラーセ》にある秘密警察本部に出頭すべし、という命令をうけた。プリンツ・アルブレヒト街《シュトラーセ》のゲシュタポ本部は、五階建のルネッサンス風の、くすんだ建物である。一行が入れられた部屋はその建物の上の方の広間で、ユダヤ人が奥にはいれないように、まんなかに綱を張りわたしてある。綱の向こうがわに坐っているのは、ヴィーンにいるはずのアイヒマン大尉だった。ほかにもう一人、親衛隊の高官がいる。

アイヒマンは手にフランスの新聞をもち、立ち上がるといきなりどなりはじめた。

「血に餓《う》えた犬、アイヒマン。ユダヤ人はアイヒマンをそう呼んでいると、この新聞には書いてある。こんなでたらめな情報をフランスにわたしたやつは、いったいどいつなんだ！」

だれもこたえなかった。それからアイヒマンは、シュタールの方に向かって、きさまたち、このまえヴィーンに来たとき、ヴィーンのユダヤ人本部の連中と会ったな？　いけないといっておいたはずだ、といった。シュタールが立って、「私たちはヴィーンの不幸な同胞を慰めたいと思ったのです。単なる人間的感情から出たことでして、このことはみんなもわかってくれると思います」

アイヒマン　「こんどはかんべんしてやる。この次は、即座に強制収容所だぞ」

シュタール　「一つおたずねしたいのですが、あなたがたは、ユダヤ人移民を国外に送り出すことで、実際問題として私たちを破滅させようとなさっているのです。あなたがたは大量のユダヤ人を汽車につめこんで、国境線をデンマークに、オランダに、フランスに、ところかまわず越えさせようとしておられる。一部分はうまくゴマかして、向こうの国にはいりこんでいるようですが、半分以上は、国境でおさえられて送りかえされてきます。その人たちは、大部分国境の無人地帯を飢餓状態でさまよっていますし、国内にかえってきた者は、収容所に送りこまれている。亡命の可能性は、現実には閉ざされているのと同じことではありませんか」

アイヒマン　「くそったれ爺い《ヘル・アルター・シャイセル》どの、あんたは長いこと、強制収容所に行かれなかったようだな。そんならきさま、何をなげくことがあるというんだ！　なげかわしいのはシュタールなんて男が、ドイツの役所のやり方を堂々と非難あそばすことの方だ。まあしかし私はその輸送の責任者がだれだったか知らないし、この問題については何も知ってはいないのだ」

　かつての石油のセールスマン、アイヒマンは、ユダヤ人の帝王《ツァー》になった。

　このころ、ベルリンにも移民中央事務所がつくられ、ハイドリッヒが所長を兼ねた。帝王《ツァー》も、ヴィーンからベルリンにもどってゆく。

最終解決

一九四一年の夏。暑い日である。東部戦線では三軍百十個師団の国防軍《ヴェアマハト》が、モスクワに向かって進撃をつづけている。

ベルリン、クアフュルステン街《シュトラーセ》の国家保安本部Ⅳ局（ゲシュタポ担当）B４課長の机の上で、電話が鳴った。「アイヒマン課長、本部の長官室に来るように」

国家保安本部は一九三九年九月、第二次大戦がはじまると同時に、従来のシポ（秘密警察）と、S・D中央本部を改組綜合《そうごう》して設立された。長官はハイドリッヒ、Ⅳ局局長はミュラーである。

B４課長アイヒマンが、本部の長官室に行くと、ハイドリッヒは、ユダヤ人のその後の状

況などを彼にたずねた。それから急に改まった表情になって、

「アイヒマン少佐」

「はっ」

「総統はユダヤ人の肉体的破壊を命じられた。……」

「………」

ハイドリッヒはことばを切り、アイヒマンの顔をじっとみつめている。肉体的破壊?……しばらくはなんのことだか、よく呑《の》みこめなかったが、やがて気がついたとき彼は周囲の空気が急になくなったように感じた、とのちにいっている。ただしこれは、どんなものだろうか。

ソ連との戦争がはじまっていらい、特別行動部隊《アインザッツグルッペ》によるユダヤ人の殺戮《さつりく》のはなしは、本部できいて彼は知っていた。しかし総統命令によるユダヤ人の肉体的破壊といえば、ヨオロッパのユダヤ人全部を殺す、ということである。ヨオロッパには現在約千百万のユダヤ人がいて、そのうち三百万が、ポーランドにいる。それを全部殺すということで、これは気まぐれの殺戮とはわけがちがう。その凄惨《せいさん》さと、何よりも仕事の予想される困難さに、彼は愕然《がくぜん》としたのかも知れない。

「アイヒマン少佐」

「はっ」

「至急ルブリンに行って、グロボクニックに会ってくれたまえ。総司令は、すでにグロボクニックに、必要な指示をあたえておられる。彼はユダヤ人絶滅のために、ロシア軍のつくった対戦車壕《ごう》を、利用しているはずなのだ」

グロボクニックは、まえにヴィーンの地区指導者《ガウライター》をしていたから、アイヒマンもその名まえはよくきいたことがある。現在はルブリンの親衛隊地区隊長兼警察長官である。そしてそのルブリンで、いま何が行なわれているかも、アイヒマンはすでに知っていた。〔訳編者註1〕

ヒトラーがユダヤ人殺戮を最終的に決定し、命令したのは、一九四一年の七月ころのことだったらしい。ヒトラーの意を体して、七月三十一日、ゲーリングはハイドリッヒあてに次のような手紙を書く。

「一九三九年一月二十四日、私は貴官にたいし、ユダヤ人問題を移民および国内からの追放という形で、でき得るかぎり有利に解決するよう委嘱した。私はいまここにそれを補足する。ヨーロッパにおけるドイツ勢力圏内にあるユダヤ人問題を、全面的に解決するために、組織と財政面での一切の必要な準備をうけもってもらいたい。

関係政府機関は、すべて貴官に協力する。
私はさらに貴官にたいし、ユダヤ人問題の最終解決（Endlösung）の完成に必要な、組織、資材に関する綜合計画を作製し、送付するよう命令する。」

このゲーリングの手紙が、ハイドリッヒからアイヒマンへの命令となってあらわれたのである。

ハイドリッヒ自身は、すでに一九三九年の一月、第二次大戦のはじまるまえから、最終解決の企画にたずさわり、必要な手段を着々とうってきていた。ゲーリングがこれは補足命令である、といっていることからもわかるように、国内からのユダヤ人の追放、強制収容所の設立は、「最終解決」の予想の上に行なわれたものであって、つまりはその予備行為にすぎなかった。

一九三九年の九月、ポーランド戦の開始とともに、ハイドリッヒは、S・D特別行動部隊《アインザッツグルッペ》

〔訳編者註1〕 一九三九年の冬、ドイツのユダヤ人をルブリン地方に移送することが行なわれた。ニスコ計画と呼ばれ、アイヒマンもむろんこれに参画し、彼自身ルブリンに行ってもいる。ルブリンははじめての土地ではないのである。

を、占領地に送りこみ、ユダヤ人の狩り込みに当らせる。ヒトラーはスターリンと結んでポーランドを分けどりしたが、そのさいの協定でソ連が手にいれた土地に住むドイツ人二十五万は、移住することになっていたのである。彼らの住む場所をつくるためにユダヤ人を追い立てるのが、さし当りの目的だった。

しかしそれは当面のことで、狩り込み部隊の指揮官たちにだけは、ハイドリッヒは、最終解決という終極の目標を明らかにしていたらしい。九月二十一日、彼はアイヒマンおよび親衛隊幹部を呼び集め、ポーランドのユダヤ人問題について協議するが、会がおわったのち、その日のうちに、彼はポーランドの各特別部隊指揮官に、くれぐれも秘密を守るようにと念を押した手紙を書くのである。〔訳編者註2〕

特別命令

宛先　S・D特別行動部隊
問題　占領地域におけるユダヤ人

本日ベルリンでユダヤ人問題の調査会を開いたが、その結果、本官は再度、諸計画すなわち究極の目標が、厳重に秘密を保たれるべきことを要請する。

次のことに区別をつけなければならない。

一、終極の目標　この実現にはなお長い期間を必要とする。

二、終極の目標の実現のための軍管区の設定　各軍管区は短期間のうちに動き出さねばならない。

計画は技術的にも経済的にも徹底を期する必要がある。（中略）

終極目標実現のための最初の予備工作は、何よりも、ユダヤ人を地方から大都市に集中させることである。（以下略）

「占領地を可及的すみやかに、適当な軍管区に分け、相互に緊密な連絡をもった網をもって、全土を覆わなければならない」とも彼はいった。こうしてポーランドの上には、収容所の網

〔訳編者註2〕この時の会議で、ハイドリッヒが「究極の目標」について語ったということが考えられる。そうとすればこれに列席したアイヒマンもきいたわけであり、したがって彼は、三九年九月から、「最終解決」の秘密を知っていたことになる。しかしここでは筆者は、四一年夏にはじめて知らされたというアイヒマンのことばを信用することにした。じじつ知らなかったからこそ、彼は四〇年のほとんど大半を、後述のマダガスカル計画についやしていたのだろう。

が黒々とかぶせられる。

特別行動部隊《アインザッツグルッペ》は、戦線後方の治安維持を目的として、ハイドリッヒがつくった部隊だった。チェコにドイツ軍がはいったときに、最初にその創設が計画されたのだが、このときはイギリスの首相チェンバレンが宥和《ゆうわ》政策をとったおかげで、ドイツはチェコを無血占領したから、計画は実現されずにおわっている。本来の任務は野戦憲兵とでもいえばよいだろうか。しかし彼らが実際に行なったことは、ユダヤ人、ロシア人、ポーランド人等の狩り込みと大量殺戮であり、要するにギャング団体の急先鋒《きゅうせんぽう》だったのである。

部隊はAからDまで、四つの部隊を数え、そのおのおのが、またいくつかの特別行動班《アインザッツコマンドス》に分かれていた。独ソ戦の開始以後、殺人収容所の施設が完成するまでの期間に、彼らが残した「実績」を、数によって表示すると、

A部隊　バルト海沿岸地方、およびレニングラード周辺を担当。部隊長はフランツ・シュターレッカー。独ソ戦開始以後四か月間に、十三万五千以上のユダヤ人と四千人の共産党員を殺戮している。ユダヤ人に関する内訳は、
ラトヴィア　三万人以上。
リトアニア　八万人以上。その他。

B部隊　白ロシアおよびモスクワ戦線の後方地域をうけもつ。部隊長はもとのクリポ（刑事警察）部長、アルトゥール・ネーベ。同期間中に四万五千人以上を殺す。

C部隊　ウクライナ担当。部隊長、オットー・ラッシュ。同期間中に殺戮七万五千に達する。そのうち三万三千五百は、キエフ市のユダヤ系市民であり、彼らは一九四一年九月二十九日、三十日の二日間のうちに射殺された。

D部隊　ロシア南部地域担当。部隊長は経済学者のオットー・オーレンドルフ。同期間中にユダヤ人五万四千人を殺害。在任中一年間を通じては九万人を殺戮したことを彼はみとめている。

特別行動部隊は、この後一年間のあいだに、さらに約三十六万のユダヤ人を殺す。四三年三月、ヒムラーの統計係は、六十三万三千の「実績」をあげたと報告している。これにそのあと二年間の何十万かが加わるわけで、結局この部隊総計三千名の殺し屋による犠牲者数は、最低百数十万ということになるだろう。

A部隊の隊長、シュターレッカーは、諜報部《ちょうほうぶ》のシェレンベルクの先任者であって、国家保安本部ⅥA局（対外情報担当）の局長をつとめていた男である。彼がそのよい地位をなげうち、あえて寒風吹きすさぶ地域の殺し屋の隊長となったのは、ハイドリッヒの寵《ちょう》を失ったので、それをとり返したいためだったという。B部隊のネーベは、クリポのヴェテランで、反ヒトラー陰謀に加担していたのだが、B部隊わずか六百人の長としてやはり命令を奉じてモスクワ前面に赴任した。もっとも彼は後に、一九四四年七月二十日のヒトラー暗殺事件に連《れん》坐《ざ》し、殺されることになる。

次にD部隊隊長の親衛隊少将オットー・オーレンドルフは、まえにも触れたように法学博士で経済学者で、独ソ戦勃発《ぼっぱつ》の四一年にはまだ三十四歳の若々しいインテリだった。彼は国家保安本部（RSHA）のⅢ局（国内情報担当）の局長をつとめ、また後には経済省の外国貿易専門家として活躍した。そんな男がなぜまた、こんな任務についたのか、やはり命令やむを得ずと思ったのだろう。彼は戦後、ニュールンベルクで、部隊の活躍を次のように証言した。

「特別行動班が、村なり町なりにはいって行きますと、まずユダヤ人の幹部を呼び、集団移住のために、すべてのユダヤ人を呼び集めろ、と命令します。それから貴重品を引き渡すようにいい、処刑の直前には、上に着ているものをさし出させます。処刑場は一般に対戦車壕で、そこまでトラックではこびます。できるだけ多人数を、いっぺんに処刑するためです。それにこうすれば、犠牲者たちが、その身に何が起ころうとしているかを知ってから、現実に処刑されるまで、時間の経過も短くなるでしょう。

立ったりひざまずいたりしているのを、軍隊式に、銃殺班が射殺します。私は個人が直接責任を負うことを避けるため、個々に発砲することを絶対に許さず、数人に同時に撃たせるようにしていました。他の部隊《グルッペ》では、犠牲者を地面にうつ伏せにさせておいて、えり首を撃っていましたが、この方法には私は賛成できませんでした」

特別行動部隊の手で殺された最低百数十万の男女のうちには、もちろん女、子供も含まれている。ヒムラーは一九四一年八月十五日、特別行動部隊の活躍ぶりを「参観」に行き、その残虐さにあやうく卒倒しかけた。そこで爾後《じご》、彼は命令を下して、女、子供はできるだけガス・トラックで殺すようにと通達する。ガス・トラックを考え出したのはベッカー博士という男であり、モーターの排気ガスが、うしろの密閉した荷台に導かれ、中の人間を、十五分か二十分で殺すようにつくられていた。しかしこれだと、野外の大量銃殺とちがって、一挙に多勢を殺すことができない。そのことと、ガスの中から屍体《したい》を降ろす作業にともなう頭痛、吐気、その他の身体障害が、オーレンドルフ以下、隊長たちの困惑のタネだったのである。

ニュールンベルク裁判のとき、弁護士がオーレンドルフに、「この仕事をして内心の躊躇《ちゆうちよ》を感じなかったか」ときくと、若いインテリの少将は、「それはもちろん感じました」とこたえた。

「ではそれをどう処理したのだ？　自分の心を、見て見ないふりをしたのか」

「しかし自分にとっては」とオーレンドルフはいった。「国家の指導者たちによって与えられた命令を、出先の部隊長が実行しないなどということは、考えられないことです」

「そんな命令を、あなたは正しいと思ったのか」

「ご質問の意味が、私にはわかりません。私たちは上官の命令に服従することを誓いました。その上官が命令を出した以上、従うのはあたりまえで、正しいか正しくないかなどという問題は、ここには出てこないのです。命令は命令でしょう《ベフエール・イスト・ベフエール》」

一九四一年十月三十日、白ロシアのシュルック（編者註。ロシア名スウックのこと）にいたドイツ軍のある政治将校が、ミンスク地区の本部あてに、次のような報告書を出した。

「二十七日の朝、機動警察の一中尉がリトアニアのコヴノから突然来て、自分は秘密警察の大隊副官をいまつとめているが、自分の部隊は四十八時間以内に、このシュルックの町にいる全ユダヤ人を消してしまうよう命令をうけているのだ、と申しました。彼の大隊は四つの中隊から成り、そのうち二つはリトアニア人の部隊だそうです。部隊はまもなく到着するはずであり、ただちに行動を開始するといいます。私はそういうことなら、ともかく大隊長と会って相談したい、とこたえました。

三十分後に部隊は到着し、私は大隊長に来てもらって申しました。何らの準備行動なしにそういうことをやるのは、決していい結果を生まないのではないか。なぜなら、いまはみんな働きに出ている時間だから、ユダヤ人を集めるのはむつかしいし、いたずらに混乱をまねくおそれもある。少なくとも前日には、私にあらかじめ通報してくれるのが、貴官の義務だったはずである。

だから実行を一日まってほしい、と私は彼にたのんだのですが、彼はきいてはくれませんでした。全土にわたるあらゆる町で、同じことをしなければならないので、シュルツクには、二日以上の日は割けない、というのです。二日の間に、シュルツクの町からは、ユダヤ人は一人残らず消え失《う》せてしまいました。(中略)

その活動ぶりについては、私は残念ながら、それがサディズムに縁どられていることを、指摘しなければなりません。この間、町全体が、恐怖の巷《ちまた》と化しました。ドイツの警察将校もそうですが、とくにリトアニアのパルティザンの兇暴性《きょうぼうせい》は、目にあまるものがあります。ユダヤ人ばかりではなく、白系のルテニア人(編者註。現在のベラルーシ東部などに住むロシア人のこと）もその住居からひきずり出され、一か所に集められます。町のいたるところで銃声が鳴りひびき、ユダヤ人の屍体が山を築きます。白ルテニア人たちは、なんとかしてその場から逃げ出そうと目をひきつらせています。彼らの見ているまえで、ユダヤ人たちはなぐられ、傷つけられているのですし、ルテニア人自身も、鞭《むち》やライフル銃でなぐられているのです。もうこれは、ユダヤ人対策などというものではない。革命の一種とでもいうべきでしょうか。……」

「警察部隊はユダヤ人の住居ばかりではなく、ルテニア人の家にも強盗のように押し入って、長靴だの革製品だの、衣服、金銀、およそ役に立ちそうな金めのものは一切、掠《りゃく》奪《だつ》してくるのです。道を歩いているユダヤ人は、腕から時計を、指から指環《ゆびわ》をもぎとられます。……ユダヤ人のある少女は、五千ルーブルすぐもってくれば父親を釈放してやるといわれ、目下金集めに奔走しています」

「こんなやり方がつづくかぎり、白ルテニアの治安と秩序は保持できません。重傷を負ったユダヤ人が生きたまま埋められ、それがまた墓穴から這《は》い出して、家に帰ったりしているのです。私はこの事実を、総統および国家元帥（ゲーリング）に、報告すべきだと考えます」

このナチ政治将校は、多少は常識的な目をもっていたらしい。しかし批判的な人間はあっても、白昼衆人の前で演じられるこの狂気の行動を、だれもとめはしなかった。ドイツ人だけではない。リトアニア人やウクライナ系ロシア人は、きわめて積極的に殺人に協力している。国防軍はときどき文句をいいはしたが、それだけだった。

特別行動部隊に宿舎その他の便宜をあたえたのは国防軍である。戦後ドイツ国防軍の将軍たちは、一様に、われわれはそんな組織的残虐行為の事実を知らなかった、といいはった。当時の南方（ウクライナ方面）軍集団司令官、フォン・ルントシュテット元帥の左の命令書は、軍がどんな態度をとっていたかを、明らかに物語っているだろう。貴族的な風貌《ふうぼう》をもったこの元帥は、書いている。

「共産主義者とユダヤ人にたいする行動は、保安警察とS・Dの特務班によってのみ行なわれるべきであって、彼らはその責任において、命令を遂行しているのである。ウクライナ地区の国防軍が、ユダヤ人に非道を働くことを禁止する。特務班の行動に立ち合うこと、写真に撮影することも許されない。本命令は、あらゆる部隊の軍人に周知せしめるべきであろう」

アイヒマンはハイドリッヒの命令によってルブリンに行き、グロボクニック中将に会い、その近くにある収容所での殺戮を見学した。ここではすでに一種のガス室ができていて、森の中の一軒の小屋にモーターから排気ガスを送りこんでいた。ガス殺人トラックの変形、といえるだろう。モーターはソ連の潜水艦からはずしてきた大型のものをつかっていた。アイヒマンは、監督の親衛隊将校が、酒に酔って働いているのを見た。

アイヒマンは三九年にベルリンにもどり、そのあとチェコのプラハでも働いたが、大戦がはじまってからは、しばらくのあいだ、ユダヤ人を仏領マダガスカルに集団移住させるという計画にもっぱらとり組んでいた。いわゆるマダガスカル計画がこれである。

フランスがドイツに降伏したあと、ドイツは仏領マダガスカルを講和条約の枠からとり除くこと、ドイツの手中にこの島をおくことを考え、外務省はそのための覚書まで準備していた。これによると、島には将来ドイツ軍の基地がおかれ、ユダヤ人がここに送りこまれる。彼らはアメリカにいるユダヤ人血縁者が、ドイツに不利な行動を起こさないための、人質の役を果たすはずなのだ。

つまり島全体が収容所、ということである。アイヒマンとその副官たちがたてた計画によれば、島の開発の財政面は、ユダヤ人から没収した財産によってまかなわれる。ユダヤ人は毎年百万人ずつ、ここに輸送され、ゲシュタポの監視のもとに、労働に従事するのである。

アイヒマンはこの計画を非常に気に入っていた。パレスチナにユダヤ人を送り、国をつくらせるということは、ドイツの将来にとって脅威だが、マダガスカルはドイツ委任統治領になる予定だから、むろん独立ということにはならない。ユダヤ人にともかくも居住地をあたえてやるのだし、しかもその結果、彼らは「故郷」パレスチナから永久に切り離され、シオニズムを中核とするあの怖《おそろ》しいまでの情熱を失うことになる。新しい国づくりの立案、推進は、アイヒマンの「ユダヤ人の帝王」としての虚栄心をくすぐった。二重、三重の意味で、これは彼の願望にかなっていたのである。

しかしこの計画も、いまはむなしくなった。マダガスカルの王になる期待はついえ去ったが、総統の命令とあってはやむを得ない。「命令は命令《ベフエール・イスト・ベフエール》」である。これからは「最終解決」のほうに、情熱を傾けねばならない。アイヒマンは各地の部下に手紙を書き、「ユダヤ人問題最終解決の準備のために、今後一切のユダヤ人国外移住はみとめないよう」命令した。命令は十月二十七日付ヒムラーの名をもって、正式に確認される。

秋、アイヒマンはⅣ局局長、ミュラーの命令で、ヴァルテガウのヘウムノにある収容所に視察に行き、次にビアリシュトック（編者註。ポーランド名ビヤウィストクのこと）に行き、ミンスク、ロウに行った。ヘウムノでは、ユダヤ人、男女が広間に集められて裸にされ、ガス・トラックにのせられ、次に屍体を親衛隊員がはこび出し、ヤットコで金歯をはずし、長い壕に放りこむ地獄図絵を見た。またミンスクでは、長い壕に屍体が次々に放りこまれるところに立ちあったが、その中にはまだ生きている人間もまじっていた。一人の女が、手を背後にくみ、屍体の間から、じっと空をみつめている。ここでは親衛隊員は、囚人の頭のうしろに銃をあてて撃つ。血が噴水のように吹き上がり、脳漿《のうしよう》が飛びちって、アイヒマンのズボンにもベッタリとついた。

生来気の小さいアイヒマンはふるえ上がった。ミュラーへの報告は、この問題に関するかぎり、文書にすることを禁じられている。彼はミュラーに、見てきたことを口頭で述べたあと、こういう処置はユダヤ人問題の最終解決とはいえないのではないでしょうか、といった。これではドイツ人をユダヤ禍から防ぐことより、ドイツ人自身を加虐的にし、加虐本能をつよくさせる面が大きい。アイヒマンのそのことばをきいて、元刑事、ミュラーは、重たい瞼《まぶた》の下の鳶色《とびいろ》の眼を彼の上に注ぎ、短く「そうだな」といった。ミュラーはこの問題には平生から、あまり立ち入りたがらなかった。そうだと思ったところでどうにもならないと、二人ともが考えていたのである。

アイヒマンはアウシュヴィッツにも行った。アウシュヴィッツの所長ルドルフ・ヘスは、最終解決の実行の命令を、ヒムラーから直接うけ、細かい指示は国家保安本部のアイヒマン少佐からきくように、といわれていたのだった。そのときヒムラーは、ヘスにこういうことをいっている。

「東方地域にある既設の絶滅施設は、いまわれわれの目前にある大きな行動の実行のためには、十分ではない。そこで私は、その場所をアウシュヴィッツにえらんだのだが、ここをえらんだ理由は二つある。第一には鉄道の分岐点に位置していて、交通に便利であること。次には、しかも本国から遠くはなれていて、人の眼をのがれるのに好都合であること」
「この命令は極秘事項であって、たとえ上官であっても洩《も》らしてはならない。きみはアイヒマンと会ったら、そのあとすぐに、設備の計画を私に送るのだ。ユダヤ人はドイツ人民の永遠の敵であり、われわれは彼らを、徹底的に絶滅しなければならない。いまこの戦争のさなかに、われわれは手にふれられるかぎりのユダヤ人すべてを、ためらうことなく、絶滅すべきであろう。もしいまにしてわれわれが、ユダヤ主義の生物学的基盤を破壊しつくさなければ、将来は彼らが、ドイツ人民を破壊することになるのである」

ヘスがアウシュヴィッツに帰って待っていると、四週間たってアイヒマン少佐が来た。精力的な、いかにもキビキビした人物だとヘスは思い、好感をもつ。ヘスはむかし、ダハウの収容所に髑髏《どくろ》部隊（収容所担当）の一員としていたことがある。ちょうどそのころ、アイヒマンも一般親衛隊の軍曹としてそこに勤務していたことを、二人はこのときはじめて知ったのである。髑髏部隊と一般親衛隊は、当時仲がわるかったが、とアイヒマンは感慨深そうな顔をした。
仕事のはなしにはいろうとアイヒマンは急にいい、収容所に送られてくるはずの、各国ユダヤ人の概数について述べた。上シュレジェン、ポーランド全域、それからドイツ本国、チエコスロヴァキアのユダヤ人が、まず送られてくるだろう。その次は西で、フランス、ベルギー、オランダのユダヤ人である。数は厖大《ぼうだい》なものに達するから、処理方法は銃殺ではとても間にあわない。それに女、子供を銃殺するのは、親衛隊員にとって心理的負担となるので、どうしてもガスの方がいいと思う。——

アイヒマンは、従来東方地域で使用されてきた排気ガスによる「解決」方法をヘスに説明した。

「だがきみのアウシュヴィッツの場合には、輸送列車は連日おびただしいユダヤ人をのせてくるはずだ。したがって排気ガス方式も、ここでは不適当ということになる。一つ青酸ガスを使ってはどうだろうか。大きい部屋を偽装して、浴室のように見せかけ、ユダヤ人を押しこんでおいて、青酸ガスを放射する。精神病患者も送ってよこすから、この場合はちょっとべつに考えなければならないが、やり方としてはこれがいちばんいいだろう」

青酸ガスによる殺戮は、すでにヘウムノやトレブリンカでも行なわれているので、アイヒマンはトレブリンカを訪れたとき、その状況をつぶさに見ている。彼は覗《のぞ》き窓から、青酸ガスでユダヤ人男女が死んでゆく状況を見せられ、足のふるえるような思いが、そのときはしたのである。

アイヒマンの提案に、まったくそのとおりだと思う、とヘスはいった。しかし青酸ガスを使うとして、それほど大量の毒薬を、いったいどこにたのんだらもらってこられるのか。新しく青酸工場をつくるというわけにもゆかないだろう。

「その点が重大問題なのだ」とアイヒマンはこたえた。「その対策は私が考えてみよう。できるだけ早く、手紙で返事をする」

二人はそれから部屋を出て車に乗り、絶滅収容所を建設するのに適当な候補地を物色した。いままでの収容所の東北に広がる農場が、敷地としていちばんいいということになった。まわりが森と薮《やぶ》だから、人目につきにくいし、駅からもさほど遠くはない。死体は穴を掘って埋めてしまえばよい。ガス室は一室あたり、一度に八百人ずつ殺すのが限度かも知れない。このときはまだ二人とも、死体の処理については真剣に考えてはいなかったし、したがって焼却も、話題にはのぼらなかったのである。

アイヒマンはアウシュヴィッツからかえったあと、すぐに占領地域省に連絡をとり、ユダヤ人のガス室による処理に関する諒解《りょうかい》を求める。占領地域省は十月二十五日付で、その件についてはアイヒマンの意見に賛成である、とこたえた。一方ヘスは、アイヒマンの指示にしたがって、トレブリンカのガス室を見学し、アウシュヴィッツにガス室をつくった。毒ガスとして油虫退治の殺虫ガス、チクロンBを使うことを思いついたのはヘスの副官カール・フリッチュ大尉である。フリッチュはロシア人の捕虜九百人を使って「実験」し、結果をヘスに報告した。ヘスはよろこんだ。殺虫剤ならだれに気がねもなくいくらでも注文できるし、第一やすい。一キログラムあたり、約三マルク五十プフェニッヒにしかならない。しかも二百人殺すのに一キログラムあれば十分である。

ヘスはトレブリンカの方式を改善して、それぞれ二千人を収容できるガス室をつくり、これを浴室ふうにカムフラージュした。困ったのは殺人よりも死体の処理だが、これはのちに焼却炉の建設を思いつき、それでもなお不足する分は露天に穴を掘って焼いた。アイヒマンは何度めかにアウシュヴィッツを訪れたとき、長さ百五十メートルから百八十メートルにも及ぶかと思われる大きな深い溝を見た。溝の上には鉄の棒がならべられ、その上で屍体が真黒い煙をあげて燃えている。ユダヤ人の特別部隊《ゾンダーコマンド》(編者註。死体処理をさせられるユダヤ人の囚人のこと)が、ときどき油をかけ、屍体はそのたびに赤い焰《ほのお》をチロチロと走らせる。肉の焼ける臭気があたりに立ちこめて、とめどない嘔気《はきけ》がこみあげてきた。

ヘスは一九四三年までここの所長をつとめ、その間、少なくとも百十万のユダヤ人を、この大規模な殺人工場で灰にしたという。彼はニュールンベルク裁判に、アイヒマンの旧友、親衛隊大将カルテンブルンナーの証人として喚問され、ここでしらべられたのちポーランドのワルシャワで裁判をうけ、アウシュヴィッツの、自分がかつてつくった絞首刑台で処刑された。カルテンブルンナーの弁護人、カウフマン博士が、彼に向かって、「あなたはあの犠牲者たちを、あわれに思わなかったのですか。自分の家族や子供のことを、考えなかったのですか」ときいたとき、彼は「もちろん同情した」とこたえている。

「ではどうしてです。あわれに思いながら、なぜあんなことをやった？」

「しかしそういうときでも、私の頭をはなれなかったものがあります。それはこれが国家の厳しい命令だということであり、また総司令《ライヒスフューラー》ヒムラーが私にしてくれた説明です」

　ヘスを調査したアメリカの心理学者、ギルバート博士は、「この無感動な小男には、彼が史上最大の殺人者であることを示すようなとくに変った点は、何一つなかった」と書いている。

「彼は終始冷静だった。……わずかに特徴的なのは、彼の表情にある何か放心した感じである。冷たい目が空間のどこか一点をみつめる。それは完全にこの世のものではない人間という印象を、人びとにあたえるだろう」

　この無感動な小男に、ハンブルクとデッサウの製薬会社は、よろこんでチクロンBを売りこんだ。クルップはアウシュヴィッツ収容所のそばに工場をつくり、囚人たちを労働させた。

トプフ兄弟商会とか、デーデーアー製作所などという名まえのいくつかの会社が、各収容所の建設、焼却炉の設置、死体運搬用の巨大なエレヴェーターのとりつけ等を、何とかして自分のところで受注しようと、はげしい競争を行なった。

六百年のむかし、十四世紀末葉のポーランドで、王の娘のところにリトアニアの大公が入りむこにはいったことがあった。当時のポーランド王、カジミュシュ三世には息子がない。入りむこはそのための処置であり、両王朝はここに合体したわけだが、困ったのは宗教の問題である。ポーランドがカトリックなのにたいして、リトアニアはギリシア正教だった。そこでポーランドは政教を分離することにし、その結果この国は、中世では殆《ほとん》ど唯一の、ユダヤ教を迫害しない国となった。ユダヤ人はぞくぞくとこの国に集まる。戦前のポーランドにはユダヤ人が多く、ヨオロッパのユダヤ人人口の三分の一をここが占めていたが、その原因はとおく、このときにまでさかのぼるのである。

ポーランドはドイツ本国やフランスとちがって、世界の目からも遠い位置にある。したがってアウシュヴィッツ以下、ほとんどの絶滅収容所はこの国に集中された。アウシュヴィッツはすでに準備に着手し、アイヒマンは各地ユダヤ人の送付を計画する。「最終解決」の計画は、実現されるばかりになったのだが、アイヒマンにとっては、なお一つ問題が残っていた。それはポーランド総督フランクや、占領地域大臣、ローゼンベルクとの関係である。

ポーランドで何かをはじめるとすれば、当然総督府や占領地域省の同意が必要だろう。アイヒマンがアウシュヴィッツに行ったあと、ただちに占領地域省に連絡をとっているのもそのためだし、ハイドリッヒはローゼンベルクに手紙を書いた。しかしこういうことは、ナチの権力争いのジャングルの中では、手紙だけでは到底円滑にゆかない。ポーランド総督フランクは、じじつ「最終解決」に関する彼自身の案をもち、ゲシュタポをしめ出そうとたくらんでいた。類似の障害はポーランドだけではなく、ほかの征服地でも起こっていたのである。

そこでアイヒマン中佐は（彼は十一月九日付、「功により」推薦されて中佐になった）、関係各機関の連絡の円滑化と、方法の統一をはかるために、ハイドリッヒ主催の下に、会議をひらくことを提案した。ハイドリッヒは承認し、会議は十二月に開催されることになる。が、その十二月に、日本軍が真珠湾《しんじゅわん》を攻撃し（ヒトラーは事前には何も知らなかった）、戦火が突然世界中に拡大したため、会議は翌年一月に延期された。これが有名な、ヴァンゼー会議である。

一月二十日、ベルリン郊外の景勝の地、ヴァン湖の警察事務所に集まった顔ぶれは、次のとおりである。

ライプブラント博士	東方占領地域省
マイヤー博士	党地区指導者《ガウライター》
シュトゥッカート博士	内務省
ノイマン	四年計画庁
フライスラー	法務省
ビューラー博士	ポーランド総督府
ルッター	外務省
親衛隊准将クロプファー	党事務局
親衛隊中将ミュラー	ゲシュタポ局長
親衛隊中将ホフマン	人種・植民局長

　それにハイドリッヒ、アイヒマン、およびS・D、秘密警察の高級将校たちがつらなる。会議の実質上の運営にあたったのは、アイヒマンである。ユダヤ人問題への献身的努力は、彼をここまでの地位に押し上げた。なおハイドリッヒはフランクにも招待状を出したのだが（実際に書いたのは、アイヒマンだった）、フランク自身は来なかった。顔ぶれから見ると、首脳会議というよりは、実際面を担当する人びとの集まり、という感じがつよい。

ハイドリッヒは立ち上がって、まずゲーリングから「最終的解決」の実行を依頼されたことを語り、次に自分たちがこれまで、いかにこの敵、ユダヤ人とたたかってきたかを説いてから、本題にはいった。ではどのようにして、この「最終的解決」を実現するか。ハイドリッヒはいう。

「ユダヤ人は東方の地域に向かって、適当な管理のもとに送り出されねばなりません。彼らを強制労働に服役させる。労働に耐え得る者は男女別に集団をつくり、道路工事をさせながら所定の地域につれてゆきます。そのさい多勢のユダヤ人が『自然の選択』によって死んでゆくのは、むろん予想されることでしょう。しかし生き残りがあれば、これは当然もっとも抵抗力のつよい部分ですから、これに適当な特別措置を加えることが必要です。こういう連中がユダヤ主義再生の予備隊となる怖れのあることは、歴史の証明するところです。

最終的解決のために、ヨオロッパを西から東に梳《す》いてゆくわけです。ユダヤ人たちをまずゲットー(居住区)に集め、そこから東に輸送します。占領地域およびドイツの支配下にあるヨオロッパの国々において、保安警察によって選任された将校は、外務省と協力しながら行動することになるでしょう」

ハイドリッヒはこのとき、最終的解決の対象となるのは、イギリス、トルコ、ソ連等、未占領の国々に住む者を含む約千百万のヨオロッパ全ユダヤ人であり、そのうち目下のところ、エストニアだけが、ユダヤ人からキレイになった。つまり一人もいなくなったといった。

四年計画庁のノイマンが立って、軍需工場で働いているユダヤ人は、さしあたり追放の枠から除くべきではないか、といった。ハイドリッヒはこれに賛成した。次にポーランド総督府代表のビューラーが発言し、「ポーランド総督府は、その土地で最終的解決が行なわれることに、両手《もろて》をあげて賛成するだろう」と述べた。

「ポーランドではすでにいままでにも、最終的解決は進行しています。軍需工場ということについては、二百五十万のユダヤ人のうちに、働ける者など一人もありはしません。最終解決がゲシュタポの手で行なわれることに異議はありませんし、総督府は全力をもって援助することをお約束します。私の望みは、行動はできるだけすみやかに起こしてほしい、ということのみです」

マイヤー博士も、即座に仕事にかかるべきだ、といった。「しかし民心を不安にするようなことがないように、全力をあげて努力すべきである」

会議は大体ハイドリッヒの演説をきくという形で終始した。異議をとなえる者は、もちろん一人も出ない。このほかにハイドリッヒはユダヤ人と結婚したドイツ人、およびその子供のことを問題とし、結婚は強制的に解消させること、子供がいる場合、混血児の一世には断種手術をほどこすべきことを宣言した。この会議と歩調をあわせて、まもなくドイツ法務省は、法務大臣の名の下に、ユダヤ人囚人管理権を放棄し、これを親衛隊総司令ヒムラーの手にひきわたす。ユダヤ人はたとえ刑務所にいても安全ではなく、「最終的解決」をまぬがれないことになった。

法務大臣ティーラックは、その史上例を見ない、汚辱にみちた、司法官降伏宣言を、次のように綴《つづ》っている。

「法的手続きというものは、これら外的（ユダヤ人）要素の絶滅にほんのわずかしか寄与できないのではないか、と私は考えます。これらの人間の上にとりわけきびしい判決が現在課せられているのは事実ですが、しかし所期の結果を得るにはまだ不十分です。ユダヤ人を刑務所や留置所に入れておくことは無意味でしょう。こういう連中は、刑法に拘束されない警察の手に引きわたしたほうがよいので、そのほうがずっとよい結果が生まれると信じます」

ユダヤ人のためにこのころまた新たにもうけられた禁止事項は、新聞雑誌の購読、公衆電話、乗車券自動販売機の使用、公園、料理店に立ち入ること、停車場に長くいること、乗物に乗ること、パンをはじめとする主要な食料の配給をうけること、家畜を飼うこと、等々である。こうなれば彼らには、もう生存は不可能である。「最終的解決」という名をもった死が訪れるのを、ただ待っていなければならない。死の使者を送るのは輸送一切の指揮官、アイヒマンである。ヴァンゼー会議の結果、ハイドリッヒ＝アイヒマンのコンビのまえに立ちふさがるものは何一つなくなっていた。

会議の直後、アイヒマンは、グロボクニック中将が自分のいままで行なった大量殺人に関して、ハイドリッヒの事後承諾を正式に求めてきたのに啞然《あぜん》とした。霊験はあらたかだったのである。グロボクニックはいままでポーランドの絶滅収容所の指揮官だったのであり、いまさら事後承諾も何もないではないか。これには局長のミュラーも呆《あき》れた顔をしていた。

しかしともかく許可を求めてきた以上、放っておくわけにはゆかない。ハイドリッヒは命令書を、アイヒマンに口述筆記させた。「本官は貴下に、二十万のユダヤ人の絶滅を、委任するであろう」グロボクニックのルブリン地区での絶滅作業は、その後ハイドリッヒの名まえをとって、「ラインハルト作戦」と名づけられた。彼が一九四三年十二月、ヒムラーに提出した報告によれば、この酔っぱらいの中将がユダヤ人の犠牲者から奪いとってベルリンに送り出した金品は、衣服千九百車輛《しゃりょう》、現金四千三百六十六万二千マルク、眼鏡二万二千三百二十四、指輪一万千六百七十五、総額にして一億七千八百七十四万五千マルクに達したそうである。

ユダヤ人問題に関する総指揮官はいまはハイドリッヒであり、ハイドリッヒは一九四一年の九月以降チェコの副総督を兼務していたから、事実上全権を、アイヒマンに委《ゆだ》ねている。ヘスが精力的なキビキビした、と評したこの歯車は、いまやすさまじい回転をはじめる。

アイヒマンの属していた国家保安本部は、Ⅰから Ⅶまでと N と、都合八つの部局に分かれ、そのうちのⅣ局は、また十前後の課を従えていた。Ⅰから Ⅶまでというのは、ⅠとⅡが人事と総務、ⅢとⅥがS・D、Ⅳがゲシュタポ、Ⅶがロケットなどの科学関係である。国家保安本部にロケット開発の機関があるのは妙だが、これは親衛隊が陸軍にあらゆる意味で対抗しようとしたからで、Ⅶ局はその競争心が極限にまで達したとき、すなわち戦争の末期になって誕生する。N局は通信関係をうけもっていた。

これらの局にまた大文字のアルファベットがついて、たとえばⅣ局は、ⅣA局というようにいわれる。Aは国内をさすのである。ドイツ軍が戦争に勝利を収め、占領地ができるとともに、それにBがつけ加えられた。アイヒマンの課はユダヤ人問題なのではじめは別扱いされ、ⅣD4といわれていたが、四一年夏ころからⅣB4となり、最後に国内問題に統一されてⅣA4の名まえに変っている。正確には、この下にさらに小文字のアルファベットがついて、ⅣB4bというふうになる。

無数にある部局のうちのⅣB4bだから、ちょっとみると非常に小さな課のように見えるけれど、数字を暗号のように積重ねるのは、いかにもドイツ人らしい趣味にすぎないだろう。一千万のユダヤ人の、文字どおり生殺与奪の権をにぎっているのだから、同じ課といっても、ⅣA1aのマルクス主義、ロシア捕虜担当室や、ⅣA1bの王政派、敗北主義担当などとは、規模も地位もちがうのである。そのうえ四四年からはⅣA4a（キリスト教関係）も、4bとともにアイヒマンの指揮下にはいった。彼はクアフュルステン街《シュトラーセ》に独立した本部をもち、また国外の占領地域各地に、事務所をおいて責任者を派遣していた。責任者は左のような顔ぶれである。

テレジエンシュタット	大尉ザイドル博士
スロヴァキア	ヴィスリツェニイ大尉（のちにハンガリーに転勤）
クロアティア	アブロマイト大尉
フランス	ダンネカー大尉のちにレトケ大尉、次にブルンナー大尉
ロッズ	クリュメイ少佐（のちにヴィーン、さらにハンガリーに転勤）
テレジエンシュタット	ブルガー大尉（のちにアテネに転勤）
チェコ	ギュンター少佐
オランダ	フンステン大尉

ハンガリー

フンシェ大尉、のちにヴィスリツェニイ大尉

ヒムラーはハイドリッヒの勢力が日ましに大きくなり、やがて自分を凌駕《りょうが》することをおそれて、ハイドリッヒの国家保安本部のほかに親衛隊経済管理本部（SS－WVHA）をつくり、強制収容所の管理にあたらせていた。長官は親衛隊中将ポールである。

しかし親衛隊経済管理本部の仕事は、あくまで収容所の運営であって、どこのユダヤ人をいつそこに送りこむか、ということは、国家保安本部のアイヒマンの指図をまたなくてはならない。ハイドリッヒはドイツ国内および占領地域各地に、警察査察官をおき、オルポ（治安警察）査察官はIDO、ジポ（保安警察）査察官はIDS（国外占領地域の場合はそれぞれBDO、BDS）と名づけていたが、アイヒマンの各地出先機関は、事実上これらとも独立にふるまっていた。IDS、BDSは、ユダヤ人問題に関してしばしば事実上ツンボさじきにおかれた。アイヒマンの対ユダヤ人組織は、ナチスの複雑な権力機構の網の目の中で、彼自身を頂点とする特別なピラミッドを形成していたのである。

彼が派遣していた代官たちのうち、スロヴァキア担当のヴィスリツェニイ大尉は、アイヒマンとは十年まえ、S・D中央本部時代からの知り合いだった（そのころはヴィスリツェニイが上官だった）。たがいにきさまと呼び合い、家にも行き来し、如才はないがついに友人と

いうものをほとんどもたなかったアイヒマンとしては、珍しくつきあいの深かった男といえるだろう。アイヒマンがヴィーンにいた時期には、ヴィスリツェニイもポーランドのダンチヒ自由市にいて、二人は三年ばかり会わなかった。四〇年にベルリンで再会し、アイヒマンは彼に、スロヴァキアをひきうけてほしい、とたのむ。しかしヴィスリツェニイは、戦後とらえられ、ニュールンベルクの法廷にひき出されて、旧友アイヒマンに不利な証言を、いろいろならべたてている。前記のアイヒマンの部下の編成表も、彼の提出によるものである。

一九四二年、スロヴァキアの任地からベルリンに出てきたヴィスリツェニイは、クアフュルステン街《シュトラーセ》のアイヒマン中佐の事務所に行き、ここではじめて、彼の口から、「最終的解決」のはなしをきいた。「総司令から命令書が出ている。ユダヤ人を絶滅すべし、というのだ」とアイヒマンはいった。ヴィスリツェニイが驚いて、その命令書というのを見せてほしいというと、アイヒマンはファイルをとってきて、赤い線のついた書類を示した。赤い線は極秘をあらわすのである。

命令書は保安警察とS・Dの長官ハイドリッヒ、および強制収容所査察官にあてたもので、即座に行動にうつるように、と書いてあった。

「総統はユダヤ人問題の最終的解決を、ただちに実行にうつすことを決心された。本官はここに、命令実行の責任者として、保安警察とS・Dとの長官、および強制収容所査察官を指命する。（中略）命令の実現に関して、そのつど本官に報告しなければならない」

「最終的解決」とは、ユダヤ民族の生物学的絶滅を意味する、とアイヒマンは説明した。生物学的絶滅か。もし立場を変えて、このおそろしい「事業」が、自分たちドイツ人の上にふりかかってきたらどうであろうか。いまは戦争中であり、どんなことが起こるか、予測はできない。「敵が同じことを、ドイツ人にたいして思いつきませんように」ヴィスリツェニイが思わず呟《つぶや》くと、アイヒマンは、

「感傷的になっちゃ困る」といった。「これは総統の命令なんだ」


感傷的になってはいけない、というのは、気弱なアイヒマンが、自分にいってきかせることばでもあったかも知れない。大切なことは男らしく、つよく生きることであり、非情な男の掟《おきて》に堪えることではないか。

「私の名誉《マイネ・エーレ》、それは忠誠《ハイスト・トロイエ》です」

ヴィスリツェニイは、アイヒマンの言動を見ていて、彼がヒトラーとヒムラーの命令によって、「完全に覆われている」のを感じたという。ヘルツルのシオニズムに共感した男が、なぜユダヤ人殺しにそれほどの使命感を抱いたのか。これは単に出世のためということでは、割り切れない部分である。気の弱い彼は、総統の命令を定言命法と考え、使命感の鎧《よろい》を身に

つけることによって、自分の中の何ものかに目を閉じようとしたのかも知れない。

ヴィスリツェニイは、自分の罪を軽減するためにアイヒマンの悪口をいったとも考えられる。しかしもう一つの証言がある。アウシュヴィッツの所長ヘスのそれである。ヘスはニュールンベルクの法廷で、カルテンブルンナーの弁護人の質問にたいしてこたえている。

「アイヒマンは、つよい確信をもっていたのです。もし絶滅作業によって、東ヨーロッパのユダヤ主義の生物学的基盤を、完全に破壊することができたとしたら、この運命的な打撃から、ユダヤ主義は、ついに二度と立ち上がることができないだろう。なぜならそうなった場合、アメリカを含む西欧諸国の同化されたユダヤ人には、この莫大《ばくだい》な損失をおぎなう可能性もなければ、その手段もない。ことばの真の意味においての民衆的発展を、ユダヤ人に期待することはすでに不可能になってしまうのである」

「アイヒマンは彼の使命に完全に身を捧《ささ》げていました。ドイツの人民を将来、ユダヤ人の破壊的な意図から救うために、絶滅は必要な仕事だと確信をもっていました。労働可能なユダヤ人を、輸送から免除するというような提案には、いかなる場合にも、彼ははっきりと反対したものです。そういうことは、『最終的解決』のための彼の計画を、だいなしにするものだ、とみなしていたのでした。集団逃亡や、その他のことから、ユダヤ人が生き残る可能性があるからなのです」

ヘスは法廷で、自分の「仕事」の詳細を気味がわるいほど正確に語った。彼は自分の死刑を当然覚悟していたし、アイヒマンをおとしいれようとした形跡はない。そのことばは、一応信用してよさそうである。

一九四二年六月、ハイドリッヒがチェコの一青年の手で暗殺された。国家保安本部長官の席は、のちにカルテンブルンナーが任命されるまで、約半年のあいだ空席となる。長官がいないために、ここで課長クラスの力が急に増すことになったわけだが、とくに責任と権力が重くなったのはアイヒマンの場合だった。いままでにも彼はハイドリッヒから、ユダヤ人の問題に関する実際上の仕事を、ほとんど委ねられていた。長官ハイドリッヒがいなくなると、ユダヤ人問題について、彼以上に発言できる者は、ヒムラーをべつとすればいないのである。半年後、カルテンブルンナーが長官になったが、彼はユダヤ人問題にそうくわしいわけではなく、あまり積極的には、口出しをしようとしなかった。

アウシュヴィッツのガス室第一号が完成したのは、ハイドリッヒが死んだあと、四二年の夏のことであり、マイダネック、ソビボールも、このころから動きはじめた。ユダヤ人を死に向かって送る輸送は、独ソ戦初期の、特別行動部隊《アインザッツグルッペ》による殺戮をべつとすれば、すべてこの三十代なかばの、三人の子をもつ男の手によって立案され、実行されることになる。

したがって、殺されたユダヤ人の総数を知っている男がいるとすれば、たしかに、それは彼をおいてほかにはないはずである。全部を含めて、ユダヤ人の犠牲者は、およそどのくらいの数にのぼるのだろうか。

アイヒマン自身は、一九四四年の八月、その総数は六百万ぐらいで、そのうち二百万が特別行動部隊の仕事だといったと、国家保安本部のVI局（国際諜報担当）局長、ヴィルヘルム・ヘットル博士が証言している。ただし戦後、アルゼンチンの亡命先で彼が書いた手記では、実数はもっと少ないはずだということになった。

『最終的解決』の著者ライトリンガーは、四百十九万四千二百と四百五十八万千二百との間だろうといい、一九四六年四月の英米委員会の推定は、五百七十二万千五百という数をあげる。世界ユダヤ人会議はこれとほぼ近い数字を出したが、しかしイスラエルのアイヒマン裁判では、検事側は五百七十二万をとらず、六百万以上の犠牲者という表現を使った。

こういう数の算定は、じっさい困難をきわめているのである。イスラエルの首府、エルサレムの南郊にあるユダヤ人殉難記念館、ヤッド・ヴァッシェムでは、死亡ユダヤ人の名まえをしらべようと思い、親戚《しんせき》知人を辿《たど》って百五十万人まで数え上げたが、ついに不可能をさとり、放棄したといわれる。検事側が証人（ユダヤ史学者、バロア氏）の口を通して、六百万以上、ということをいったのは、戦前戦後の人口比較にもとづいてのことである。

一九三九年には全世界に千六百万のユダヤ人が住んでいた。それが戦争がおわった年には千五十万に減っていて、今でもまだ総人口千二百万ないし千三百万にすぎない。つまり、戦前の人口の三分の二にとどまっている。

戦前の千六百万から戦後の千五十万を機械的に引けば、殺された人数は五百五十万ということになる。しかし人口の自然増も、計算にいれねばならない。たとえば一九三〇年ころには、世界中のユダヤ人は、年間十二万人のわりで増えていた。一九三九年から六一年までの二十二年間に、もし何ごとも起こらなかったとして計算すると、人口は一九六一年現在、少なくとも千九百万には達していた、というこたえが出るだろう。そして現実には千二百万しかいない。犠牲者の総数は、六百万を下ることはあるまい、というわけである。

その六百万のうち、三百万がポーランドである。ポーランドには、三九年に三百三十万のユダヤ人がいたが、戦後七万三千九百五十五人しか残っていなかった（そのうち、兵役にあった者が一万三千、収容所に生き残っていた者が五千四百四十六人という）。約四十五万人がハンガリーである。在独ユダヤ人の数は、四一年には十六万人だったのが、戦争がおわったときには一万五千人と二万人との間の人数しか残らなかった。

これらのユダヤ人たちが、どんなふうにして狩り出され、貨物列車の中でどんな悲惨を体験し、そしてどんなふうにして殺されていったかは、いまさら説明するまでもない。何よりも第一部にかかげた生き残りのユダヤ人たちの証言が、雄弁に物語っているだろう。アイヒマンはヨオロッパ中を飛びまわり、ヘスによれば能率向上のために「たえまなく改善を考え」、精力的に仕事を遂行していった。とくに四四年夏、ハンガリーのユダヤ人を根こそぎ収容所に送りこんだときは、彼自身ブダペストに行ってアイヒマン特別行動班を特設し、陣頭に立って指揮をしているのである。ハンガリーは親独ホルティ政権がユダヤ人を擁護していたため、アイヒマンも容易に手が出せなかった。しかしドイツの敗色が濃くなるに及んで、アイヒマンは次第にあせりはじめ、ついにハンガリー内務省の援助の下に、輸送を強行する。八十万ユダヤ人のうち、約五十万が、死の収容所に向かって送り出される。ブダペストの一部分では、中立諸国外交官の抗議が出て失敗したが、それをのぞいては輸送は根こそぎだった。

アイヒマンは一九四二年八月には、フランスから、老人と四千人の子供——二歳から十四歳までの子供たちだった——を満載した列車を送り出している。これは一例だが、そのほか彼の仕事は必ずしも輸送だけにとどまらず、ユダヤ人所蔵の美術品の調査もしている。比較的初期の彼の命令書。

宛先　ヴィングネル博士、またはその代理人。デュッセルドルフ。

……一九四一年九月五日までに、次のことを本官宛てに通報されたい。いかなる美術品が貴下の管轄地方において、なおユダヤ人の手にあるか。あるいはユダヤ人の手にあったか、あるいは買い求められる可能性をもつか。それら美術品を概括的に、同時に詳細にわたって書き出すこと。第一に作者の名まえ、推定価格、所有者名をあげてほしい。

……（以下略）

子供の輸送は悲惨だった。四千人のフランス系のユダヤ人の子供たちは、親衛隊員とフランスの憲兵に引率され、バスに積みこまれてドランシイの収容所に連れてゆかれる。大きい子供が小さい子供を抱いたり、手をひいたりしながら、黙々と、脅えきって泣き声一つあげずに収容所にはいっていった。

当時のフランスのアイヒマンの代官はレトケ大尉である。彼は翌朝子供たちを五時に起きさせ、アウシュヴィッツ行きの汽車に乗せた。子供たちは疲れきって起きようとせず、藁布《わら》団にすがりついて泣き叫んだので、憲兵たちは子供たちをむりに抱きかかえて引っぱり出さなければならなかった。

それでもフランスは、ユダヤ人の「供出」には抵抗した国の一つなのである。ヴィシイ政府はフランス市民権をもつユダヤ人の「供出」を断乎《だんこ》として拒んだので、最初のフランス代官、ダンネカーは、能率が上がらないことと、パリのナイト・クラブで遊びすぎたことを理由にクビになった。しかしこのフランスと、国王が敢然と抵抗したデンマークなどを除いては、アイヒマンの計画はだいたい円滑にすすめられた。ダンネカーはブルガリアで一九四三年の二月、二万人のユダヤ人を「獲得」して名誉をいくぶんか回復し、ヴィスリツェニイはギリシアで五万四百人以上、スロヴァキアで九万三千人以上のユダヤ人を地獄行きの貨車につめこんだ。

一九四四年秋、ヒムラーは労働力の不足から、ユダヤ人の死に向かっての輸送を、一時停止するよう、アイヒマンにいった。しかしアイヒマンは、その命令が正式に文書の形でくるまでは、輸送をやめなかった。これはヴィスリツェニイのことばだが、この証言はヘスのそれともよく符合しているので、おそらく本当だと思われる。ヘスはアイヒマンが四三年ころから、すでに戦争の前途に望みを失いはじめたこと、それ以後、ますます死の職業に熱中しはじめたことを証言しているのである。

「このときから、彼はユダヤ人を完全かつ決定的に消滅させるというみちをえらんだのです。そしてこのときから、彼は私が何をいっても相手にしないようになりました。いかなる悲惨な事実も、いかなる議論も、彼の決意を変えることはできません。彼はつねに、親衛隊総司令の命令のかげにかくれ、あらゆる計画の迅速な実行を求めました。少しでも遅らせまいとしていました」

戦争の前途は、彼にもある程度予想がついただろう。戦争に負ければどんな運命が待っているかも、彼は知っていた。「戦争犯罪人さ」と彼はひとに語った。しかしいまさらあとにひけるものではない。ひとりでも多くのユダヤ人をみちづれにすることが、いまの彼には慰めである。アイヒマンは使命感と命令の鎧を、ますます深く、厳重に心にまとう。ヘスさえも当惑するくらい、鎧はあつくなった。


アイヒマンのおそれていたものは、しかしまもなく、ついに現実となって目のまえにあらわれた。

一九四四年の暮れ、ハンガリーのブダペストでの「仕事」をおわったアイヒマンは、おしよせるソ連の大攻勢をさけて、自動車でベルリンに向かった。ソ連軍の砲弾は路上に炸裂《さくれつ》し、いたるところに戦車の残骸《ざんがい》や遺棄された武器が転がっている。一度オーデンベルクに出て、そこにいた秘密警察官やS・Dの隊員たちと合流し、ベルリンにようやく辿りついたのは、四五年一月の初旬のことである。

ベルリンもすでに廃墟《はいきょ》の町だった。プリンツ・アルブレヒト街《シュトラーセ》のゲシュタポの本部も見るかげもなく崩れ落ち、そのあたりに立つと、さえぎるものがなくなってしまったために、奇蹟《きせき》的に残った建物が、すぐ眼のまえに見える。自動小銃をもった若い衛兵に、ミュラー閣下はどこにおられるのだろう、ときくと、ゲシュタポ本部はクアフュルステン街《シュトラーセ》に移転したはずであります、とその兵士はこたえた。ミュラーのゲシュタポは、アイヒマンの事務所に移っていたのである。

わずか三室か四室の建物に、一同が同居ということになったが、通信設備はほとんど破壊され、仕事はしようにもできなかったのだから、たいして不自由は感じない。アイヒマンはまず地下室を拡充整備して防空壕とし、一般市民もまさかの場合にはここにはいれるようにした。次に路上にうず高く積重っているこわれた戦車や鉄片などを運んできて、周囲に防塞《ぼうさい》を築く。こんな仕事をしていて、アイヒマンはひさしぶりに二十代のむかしに、――パッサウの森を巡羅兵として歩いていたころに、――もどったような気がした。小型バズーカ砲（戦車拳骨《パンツァーファウスト》）や、その他の軽火器がもちこまれてきたので、しばらく地下室においておけ、といった。

ある日、本部の広間で、恒例の局長の演説があるといわれた。ミュラーはこのところ、定期的に局員に話をしているのである。しかし行ってみて、彼は啞然とした。ゲシュタポ・ミュラーは演説どころか、ゲシュタポたちに偽造の証明書と偽造の書類をわたすのに夢中である。ゲシュタポは、これまで戦争中、自分がやってきたことが、こんどはわが身にふりかかってくるのを恐れている——。

ミュラーはアイヒマンに気がついて、「きみはどうするつもりだ？」ときいた。アイヒマンは、苦りきって自分のことは自分で始末をつけます、偽造書類は結構です、とこたえた。書類を燃やせ、という命令が下り、一切の記録を集めて将校の見張りの下に火をつける。書類は厖大なものだから、二日も三日もかかって焼かなければならなかった。おまけにたえまない空襲があり、その間は何もできない。

アイヒマンは暗い顔をしている部下を集めて、どうも戦争は決定的に負けらしいな、といった。偽造書類を配給するようになってはもうおしまいだ、奇蹟的な新兵器の出てくる夢を見ていても、いまさら仕方がないだろう。

「われわれは完全に敗北したのだ。もう救うものは何もない」

とすれば死か。若いときからの苦労はすべて無駄だった。オーストリアの、リンツの褐色の家の生活や、冷たかった継母《ままはは》のヒステリックな表情が、脳裡《のうり》をかすめる。

ナチ党はみじめな自分に、人生をあたえてくれた。考えてみれば、ベルリンの戦いもわるくないではないか、と彼は思う。ここには自分にふさわしい死場所がある。死が向こうからやってこないのなら、こちらからさがしにゆけばよいのである。ベルリンの最後の戦いこそ、そういう自分のために用意された、墓碑銘であるのかも知れない。ともかく自分は、持場をはなれるべきではないのだ。

「何百万の女たち、老人、子供が死んだ」と彼はふたたび部下たちにいった。「戦争の五年間の歳月を通じて、何百万の敵がドイツの上に襲いかかり、何百万の人間が死んだ。そして戦争はなお、五百万の（と彼はいった）ユダヤ人の命という代価を要求した。いますべては終り、帝国《ライヒ》は敗れた。もしすべてが終りなら、私もまた墓穴にとびこむときだろう」

偽造の書類を平気でわたし、平気でもらっている同僚の姿に、彼はツバを吐きかけたい思いに駆られた。そんなことをするくらいなら、頭に弾丸を撃ちこんだ方がましなのだ。


もしこの状態がつづいたとしたら、彼はベルリンの戦火の中で、生涯をとじることになっただろうか。彼の生き方に照らして、相当疑問に思うが、しかしともかく運命は、彼がこういう自己陶酔におちいっていることを、いつまでも許しておかなかった。ある日ヒムラーが彼を呼ぶ。ヒムラーの司令部は、当時ベルリンの東部にある要塞の中にあった。

ヒムラーは当時諜報部長シェレンベルクの手引きで、アイゼンハウワーと講和の交渉をはじめることを考えていた。親衛隊とゲシュタポといっさいの警察の総元締だったこの男が、――六百万ユダヤ人虐殺のヒトラーに次ぐ責任者である彼が、――連合国側に講和の相手としてうけいれられると考えていたことはまったく不可解というほかない。しかしもともとこの総司令の頭は、相当に不可解にでき上がっているのである。彼は講和をはじめるには何か有利な条件が必要と考え、いまのドイツに残されている唯一の利用できる財産は、ユダヤ人であるという結論に達した。ヒムラーはアイヒマンに、アイゼンハウワーを釣るための人質に使うのだから、テレジエンシュタットの収容所に行って、有名なユダヤ人を百人か二百人連れ出してこい、彼らをチロル山中のどこか安全な場所にかくまうのだ、といった。

アイヒマンは命を奉じてベルリンを出た。だいたいこの時期では、乗物を見つけるのも大変であり、ベルリン脱出は容易ではない。それでもようやく彼はベルリンを出て、オーストリアにはいったのだが、そのころはすでに東のソ連軍と西の英米軍が、ドイツを分断しそうな形勢であり、人質さがしなど、まもなく問題にならなくなってしまった。彼は国家保安本部長官、カルテンブルンナーがオーストリアのアルプス山中の景勝の地、アルト＝アウスゼーにいることを知っていたので、故郷の町、リンツを通ってアルト＝アウスゼーに行った。リンツは間断ない爆撃にさらされ、路上には市街電車がひっくりかえったり燃えたりしている。アイヒマンは車を爆弾の雨の中を縫うように走らせ、ある防空壕の中で、ようやくリンツのＩＤＳやゲシュタポに会うことができた。

アルト＝アウスゼーではカルテンブルンナーに会ったが、この親衛隊大将は、ヒムラーの命令にはなんの関心も示さなかった。彼はアイヒマンに、パルティザン部隊をつくれと言い、アルプスの山の中で戦いを継続するのだ、といった。

「はっ、大将閣下」

アイヒマンはひさしぶりできく断乎とした命令に、救われる思いがした。部隊をつくるといっても、武器弾薬は十分ではない。なけなしの武器は、アルト＝アウスゼーの本部にもってゆかれてしまっている。兵員集めに歩こうとしても、冬の山に雪は深く、行動は思うにまかせないのである。

しかしアイヒマンはたのしかった。雪の山を歩くのは、一九三三年いらいだろう。百人ばかりのヒトラー・ユーゲントが集まって、雪かきをしてくれる。ドイツの青年はほろびない。ここは自分の青年時代の影絵があると彼は思った。

アルプスの山中には、ルーマニア人も多勢避難してきている。彼らの協力を得て、アイヒマンは小さいながら部隊をつくり、宿屋を武器庫とした。だがそのころ、カルテンブルンナーは、ふたたび命令してきた。「もし英米軍がここに来ても、決して戦ってはならない。これは親衛隊総司令の命令なのだ」

断末魔のドイツは、自分たちが反共十字軍の先鋒であるということ、その意味で自分たちは大切に扱われねばならないということを、やっきになって英米軍に説ききかせようとこころみていた。対英米停戦命令はそのあらわれであり、連合軍がこの虫のいい注文をうけつけないことがわかって、はじめてドイツは、全面降伏を申し入れたのである。

停戦、降伏の情報は、アイヒマンを絶望させた。どうしたらよいというのか。自分はナチズムを信じ、民族の力と美と理想を信じて、いままで生きてきた。使命を奉じて、つらい命令もあえて実行してきたのだ。

ベルリンで死ねばよかった。いまはナチは瓦解《がかい》し、金科玉条とした命令も使命も、いっさい無意味になってしまっている。彼は民族の使徒としての使命意識の鎧をはぎとられ、裸にされた自分を感じた。敗北はユダヤ人の帝王《ツアー》を、中産階級からの脱落者というあわれなもとの姿に突然突きもどしたのである。

ひ弱いゲルマンの狼は、身体をじっとものかげにひそませて、おちつきのない眼であたりをうかがった。

狼の姿はやがてオーストリアから消えた。

十六年後、エルサレムの丘の上の法廷で、人びとは、無気力な一人の初老の男の姿を見た。

彼は一九六〇年まで、アルゼンチンに潜んでいた。アルゼンチンでの職業は、自動車のセ長であるセールスマンだった。石油やラジオの潤滑油ではないにせよ、仕事は若いころと同じものの延長である。

セールスマンはユダヤ人虐殺の罪を問われ、命令だったから仕方がないと終始いいはった。ナチ時代の十三年間については、階級の昇任の日付はじつによくおぼえていた。しかし独ソ開戦がいつだったかは、よく記憶していなかった。

彼は聖書に手をおいて宣誓することを、自分はキリスト教徒ではないからといって拒絶し、絞首台の上では胸を張って、「私は神を信じるが、クリスチャンではない、死後の生を信じない」といった。さらに、

「われわれは再び会うだろう、それが人間の宿命だ、ドイツ万歳、アルゼンチン万歳、オーストリア万歳、私はこれらの国々を忘れない」

あとの「われわれは再び会うだろう」云々《うんぬん》の輪廻《りんね》説《せつ》と、まえの「死後の生を信じない」の方とは、矛盾するような気もするが、まえの方のことばはナチの常套的《じょうとうてき》な宣誓の句である。アイヒマンは法廷でも、このことばをつかっている。しかしキリスト教へのつよい否定は、熱心なプロテスタントだった父と継母への反抗の残映だったかも知れない。

このセールスマンは、その最期は「誇り高き」ナチ党員としておわろうとしたようである。

あとがき

この本はナチスによるユダヤ人虐殺の記録です。

一九六一年の四月から十二月まで、イスラエルの首府エルサレムで、アイヒマンの裁判があり、私も前後一か月あまり、この裁判を傍聴する機会を得ました。生き残りのユダヤ人たちが、検事の要請によって次々に証言台に立ち、過去の悲惨な体験を述べるのを、私は見ました。第一部はその証言のうちの六人の分を、仏訳の速記録にもとづいて訳出したものです。

証人のうちには、回想のもつおそろしさに耐えられず、証言台で卒倒した者もあります。収容所生活に関しては、いままでに小説なども出ていますが、訥々《とうとつ》として彼らが語るその「事実」は、物語の筆の及ぶところではないでしょう。歴史的資料としてだけではなく、人間の記録として、とどめておく価値がある、と私は思いました。

ナチスの暴挙、その犯した罪悪については、いまさらくりかえすまでもありません。しかしナチスは多勢の罪もない人びとを殺した、だからわるいやつだ、で問題は片づくものではない、と思います。いままでにも何度も書いてきたことですが、ナチスのよってもって立っているニヒリズムは、現代に生きる私たちの心に、深いつながりをもっています。当時ナチスを支持した知識人が、東にも西にも相当に多かったことは、思い出しておく必要があるでしょう。私たちの心のある部分を拡大して見せたのがナチスであり、その「ニヒリズムの革命」であり、一千年帝国の兇暴《きょうぼう》な夢想である、といえるのではないでしょうか。

アイヒマンにしても、私は彼が何か特別な人間であるというふうには考えません。彼を特別な、人とちがった人間と考えるのは、問題から目をそらせることであり、私たちの心の中にも、アイヒマンはいるはずなのです。後半部はナチスのユダヤ人迫害の歴史ですが、中心にはアイヒマンの伝記をおきました。現代人の一人としてのそういうアイヒマンの姿を、できるだけ客観的に、忠実に再現し、ふりかえっておきたいと私は思ったのです。

アイヒマンはドイツの敗戦とともに地下にもぐり、のちにアルゼンチンにのがれ、一九六〇年に、イスラエル特務機関の手で逮捕されました。逮捕後、イスラエル当局は、ほぼ一年間にわたって、レス大尉というひとに彼を訊問《じんもん》させ、その口述記録を法廷に提出しています。記録は独文全六巻三千数百ページにのぼり、ユダヤ人関係の文献としては、もっともくわしいものでしょう。

その記録と、法廷での弁論、各種の研究書を参照して、この第二部を書きました。個人的解釈がはいるのは、ある程度さけられないことですが、資料のないこと、あっても不確かなことは、一つも書いてはいません。

ナチス関係の本は、これまでにもかなりたくさん出ています。シャイラーの名著『第三帝国の興亡』、アラン・バロックの『アドルフ・ヒトラー』などその代表ですが、しかしユダヤ人問題を概観した適当な本は、日本では意外に少ないのです。シェフラーの『ナチスとユダヤ人』（朝広正利氏訳）が、わずかにその例でしょうか。

アイヒマン裁判の法廷記録は、膨大なものですから、それが公刊されることは、これからもちょっとあり得ないでしょう（イスラエルでは冒頭の一部が本になっています）。本書がせめてそれを補う意味で、何かの資料として役に立てば、と著者は思うのです。


この本の完成は、主として角川書店の須藤隆氏の激励に負うものです。出すことにきまったのは、昨年の秋ですが、その後私はまた外国に行ったりして、予定以上の時間をついやしてしまいました。その間よくつきあってくだすった須藤氏に、この紙面をかりて感謝のことばをささげます。

アイヒマン裁判覚書——あとがきにかえて——

アイヒマンの裁判がイスラエルの首府、エルサレムで行なわれたのは、一九六一年の春のことです。ぼくは「サンデー毎日」の臨時特派員ということになって、この裁判を傍聴に行きました。

イスラエル三界《さんがい》まで、どういう量見で行く気になったのか、とよくきかれることがあります。こういう質問に正確にこたえることはむつかしい。「天下泰平」の日本にひどく苛々《いらいら》していたときでしたし、イスラエルという古い国、「旧約聖書」の国には、ヨオロッパの文学を学ぶものとして興味がありました。

またぼくはちょうどその少しまえに、アウシュヴィッツの収容所長をモデルにしたフランスの小説——『死はわが職業』——を訳していました。ナチの兇暴《きょうぼう》なニヒリズムの実体を、この眼でたしかめておきたいと思ったのが、まあいちばん大きな理由、ということになるでしょう（とにかくぼくは、旅行は好きな方です）。

ナチの問題は現代のニヒリズムにつながっている、そのもっとも極端に誇張された形態だろうとぼくは思い、そういうことをいくども書きましたが、それにたいしてユダヤ人の虐殺はゲルマンに固有の兇暴さのあらわれである、といわれたこともあります。たしかにことがらは、ゲルマン的であるかも知れません。しかしことのすべてを「ドイツ人」「ゲルマン」ということに帰してしまうのは、あまりに「人種的」な偏見で、だいいちそれは、自分のなかにある兇暴な何ものかに、眼を閉ざすことにひとしいのです。

ヒトラーという狂気の天才のことばに酔ったのは、当時ドイツ人だけではなかったはずです。

裁判はエルサレムのベト・アーム（人民の家、すなわち公会堂）で行なわれました。公会堂の舞台いっぱいに法廷がつくられ、観客席に世界中からあつまった傍聴者が坐《すわ》ります。この舞台構成は、世界を相手にしたイスラエル政府のショーには、うってつけである、という印象をあたえました。

イスラエルの政府当局者たちは、この裁判は単にアイヒマン個人を裁くのが目的ではなく、また復讐《ふくしゅう》が目的でもなく、ナチの非を世界のまえにあばくことによって、今後二度とこういうことが起こらないようにするためである、といっていました。あとの方の「今後二度とこういうことが……」云々《うんぬん》は、むろん紋切型の説明です。ヒトラーのおかげで、ソ連とアラブ圏をのぞいては、反ユダヤ主義は戦後かげをひそめてしまいました。ナチが空前の大虐殺を行なったあとに、ふたたび同じことを企む気ちがいは、かりに裁判がなかったところで、出てきそうにありません。

だがこの裁判が単にアイヒマン個人を裁くためのものではない、ということは、まさに本音だったでしょう。アイヒマンはいわば贖罪の羊《スケープゴート》でした。

イスラエルのねらいは、ナチの犯行にアイヒマンをシンボルとして――復讐ということばをきらうのなら裁きを――つけることであり、世界のまえにイスラエルそのものを宣伝することであり、さらに国内的には、独立後育った若い世代に、過去の苦難の歴史を、教えこむことだったのです。

検事のハウスナーは、そのイスラエル政府の意を体して、懸河の弁をふるいました。彼はモーゼのむかしにまでさかのぼって、ユダヤ人迫害の、三千年の歴史を説き、ノーベル賞の受賞者数にまで及びました。モーゼやノーベル賞とアイヒマンの責任の範囲を問うこととは、あまり関係はなさそうです。検事は民族の、あるいはイスラエル政府の代表者として、ここに立っていたのです。

検事の威勢のよさにくらべて、弁護士のセルヴァティウス博士の弁論は冴《さ》えませんでした。

見ていて何かみじめな気持さえしました。

イスラエルでのこのひとにたいする一般の風当りは、当然猛烈です。なぜアイヒマンの弁護をひきうけたのか、ときかれて、彼は「金のためだ」とこたえたものですから、拝金主義者、業突張り、という定評が、たちまちできてしまいました。セルヴァティウスにインタヴューを申しこむと一分くらいのわりあいでお金をとるという噂《うわさ》が流れ、ぼくがエルサレムで泊っていた下宿のおかみなどは、「だからあんなひとに会うのはおよしなさい」と、真顔でぼくに忠告したものです（なおこの下宿の息子は後年、ミュンヘンのオリンピックのさい、アラブ人に殺されました）。

「金のため」という説明は、この経済・税制専門の弁護士にとっては、必ずしも皮肉なこたえだけではなかったのかも知れません。いずれにしてもこの裁判は、彼には経済的にひきあう仕事ではなかった。セルヴァティウスはイスラエルから弁護料二万ドルをもらったのですが、それでは足りなくて、西ドイツ政府に不足分を請求しました。しかし西ドイツは事件に捲《ま》きこまれるのをきらい、亡命者アイヒマンについては西ドイツは関知しない、とことわっています（東ドイツは徹頭徹尾、無関心でとおしました）。

アイヒマンの家族が、彼に一万五千マルクを提供しました。そのほかセルヴァティウスは、アイヒマンの獄中の手記を売り出す、ということまでいいました。——ただしこの計画は、イスラエルが調査記録を無償で配布したため、実現されませんでした。――インタヴューにお金をとるというのも、ぼくはとられませんでしたが、まんざら根拠のないことではなく、テレビなどからはもらっていたのでしょう。

予算の不足や悪評も困るが、何よりも痛手なのは、証人を一人も呼べないことである、と白髪の、ケルン出身の弁護士はぼくにいいました。検事側がおびただしい証人を世界中から呼びあつめたのにたいして、セルヴァティウスにはそれができない。親衛隊の生き残りで、わざわざイスラエルまでこようという男はいないのです。だいいちイスラエル政府は、はじめのうち、もし元親衛隊員がイスラエルにきたら逮捕する、といっていました（のちに訂正しましたが）。

セルヴァティウスは当初、大弁護団を組織してのりこんでくる、といわれていました。複雑なナチの組織を解明してアイヒマンの責任範囲を論じようとすれば、どうしても多数の弁護人が必要である、と思われたのです。だがこれも予算の不足のためか、彼は助手を一人だけつれてエルサレムに来て、郊外のパンション・ガイガーという小さな三流どころのホテルにはいりました。彼が展開した弁護は、イスラエルには裁判権がないとか、アイヒマンを亡命先のアルゼンチンからひそかに誘拐してきたのは国際法的にみておかしいとか、判事たちは肉親にナチによる被害者を出しているから公平な裁判を期待できないとか、もっぱら本質論です。

弁護士が何をいおうと、イスラエルが裁判をやめるわけはありませんから、こういう本質論に、弁護士の効果は期待できません。検事は民族の叙事詩人として立ち、弁護士は本質論を展開し、肝腎《かんじん》のアイヒマンの責任範囲は、最後まで輪郭がはっきりしませんでした。被告のアイヒマン自身が、この点を明瞭《めいりょう》にしようと躍起になっていたようです。

それでも三人の裁判官は、この風変りな裁判を、できるだけ公正なものにしようと努力していました。これはぼくの知るかぎり、傍聴にきていたすべてのジャーナリスト、作家がみとめていたところで、判事たちはハウズナー検事の語る民族叙事詩のスタイルには乗りませんでした。証人の語る情景は地獄絵図であり、そのうえアイヒマンのいうことは矛盾だらけなので、法廷はときたま怒号や笑いに包まれます。裁判長のランダウが、「私は法廷がこういう状態になることを好まない」と叱責《しっせき》する光景を、ぼくは二度ばかり目撃しています。


法理論的にいえば、疑問の余地の多い裁判だったでしょう。告発の基礎は「ナチ及びナチ協力者処罰法」というイスラエルの国内法ですが、この法律は一九五〇年十月の制定です。ナチはこの法律ができる五年まえ、一九四五年にほろびています。しかもイスラエルができたのは、そのナチがほろびてから三年後の、一九四八年ですから、したがってナチが殺したユダヤ人はイスラエル国民ではない。ドイツ人であるナチを、イスラエルの国内法で裁こうというのが第一におかしいのですし、イスラエル国民ではなかった人間をナチが殺したからといって、あとからできた国が罰しようというのも、思えば奇妙なはなしです。イスラエルの人口は、裁判の行なわれた一九六一年で二百万あまりでした。殺された六百万人がかりに生き残っていたとして、すべてがイスラエル国民にはならなかったでしょう。

法律には不遡及《ふそきゅう》の原則というものがあります。第二次大戦後のニュールンベルクの裁判や東京裁判も、その点おかしいのですが、エルサレムのアイヒマン裁判は、その不遡及の原則の、まことに大規模な侵害というほかないのです。

それにしても、もしイスラエルが彼を逮捕し、告発し、裁かなかったら、ほかにそれを行なう機関がなかったことも事実です。西ドイツが積極的に、元ナチの告発にのり出したのは、アイヒマンがとらえられ、世界の眼が元ナチに注がれはじめてからあとのことでした。一民族の掃滅を企図するということがすでに空前のことであり、したがってそこには法律も司法機関もない。裁判もおのずから、変則的にならないわけにはゆかないでしょう。イスラエルは、被害者が自分で加害者をとらえ、自分で法律をつくって裁く、という原始的な方法に訴えざるを得なかった。その意味でぼくは、——在来の法理論にはあわないとしても——イスラエルの立場に同情します。

ただしそう考えても、やはりなお残る問題はあるはずです。アイヒマンの犯した罪は、ユダヤ人にたいする罪、及びヒューマニティ（人間性、人類）にたいする罪、ということになっています。ユダヤ人にたいする犯行を、ユダヤ人の国が罰するのは一応わかるとして、人間性にたいする罪を、イスラエル一国が人類の代表として裁くのはどういうものか。

ヤスパースは、アイヒマンの裁判は国際法廷で行なうべきだ、といっていました。ぼくもそう思います。もちろん事実上それは不可能に近いことだったかも知れない。だがイスラエルがアイヒマンをとらえたあと、ユダヤ人の立場から一応の審理をしたあとで、列国にその呼びかけをすることは、できないことではなかったと思います。

ことわっておきますが、ぼくがここで国際裁判というのは、ニュールンベルクの裁判や東京裁判を、念頭においていっているのではありません。あの場合は勝利者が敗北者を、「人間性」の名において、一方的に裁きました。勝利者が犯した非人間的行為の追及は、一切禁じられていた。カチンの森におけるポーランド将校の大量虐殺についての言及は——これはソ連のやったことと噂されています——ソ連側の抗議によって却下されています。こういうことは、ナチや日本の軍閥がどんなわるいことをしたかということと、おのずからべつの次元の問題なのです。

おまけにこれらの裁判にあらわれた勝利者たちの、正義の使徒としての自負は、戦後二十年間の世界を、いろどってきたように見えます。米ソの対立にせよ、最近の米中の対立にせよ、見ていてやりきれないのは、それぞれが国家的利益を追求しながら、当事者たちは「正義」の徒としての十字軍意識に燃え立っていることです。双方のこの十字軍意識が、戦後の世界情勢の緊張を増大させてきたことは、否定できない。今後かりに第三次世界大戦が起こったと仮定して、もし双方の指導者が生き残ったら、勝った方が負けた方を、再び「人類の名の下に」裁判にかけるにちがいありません。想像するだけで虫酸《むしず》が走ります。

ぼくが国際裁判ということばで思いうかべるのは、これとはちがった意味での、いわばもっと汎《はん》世界的な規模の法廷です（イスラエルは「ニュールンベルク裁判に法的根拠をおいて」アイヒマン裁判を行ないました）。

ナチによる一方的犠牲者としての、ユダヤ人の悲惨な運命には同情を禁じ得ませんし、変則的裁判もことの成り行き上、やむを得なかったでしょう。しかしことがらがユダヤ人にとどまらないひろい問題を含んでいるかぎり、少なくともそういう方向への努力が、あってほしかった。それが法廷についての、ぼくの素朴な感想です。

アイヒマンは防弾ガラスで周囲をかこんだ被告席に、終始殆《ほとん》ど身じろぎもしないで坐っていました。

彼は裁判長の方に視線を固定し、観客席――つまり傍聴席――には蒼白《あおじろ》い横顔を見せつづけていました。被告が傍聴席の方をふりむいたのは、一人のユダヤ人が証人の物語る過去の惨状に耐えられなくなり、拳《こぶし》をふりあげ何か絶叫しながら被告席に駆け寄ったときと、そのほか一度くらいだったと思います。彼はこのときは、騒然とする傍聴席を、ガラス箱のなかから、もの珍しいものを見る、といった表情でながめていました。

アイヒマンは頬のあたりの筋肉を、たえず神経質に痙攣《けいれん》させていましたが、この神経痛は、彼がアルゼンチンで送ったつらい亡命生活を連想させました。黒縁の眼鏡をかけた禿《は》げ上がったこの人物には、ナチ親衛隊員当時の写真に見る得意然とした面影はもうあまり残っていません。アルゼンチンでは自動車のセールスマンをして貧しい暮らしをたてていたとのことですが、ぼくはその神経質そうな風貌《ふうぼう》から、むしろ学校の教師、というような印象をうけました。

アドルフの生家は中産階級ですが、アドルフ自身は中産階級からの脱落者といえるでしょう。本書ですでに書いたように彼は学歴もなく、セールスマンとして以外の技術ももたず、みたされない思いで青年期をすごさなければなりませんでした。ナチの親衛隊にはいっても、階級は長いあいだ下士官です。一方アドルフの父親の友人の子で、アドルフとも幼なじみのカルテンブルンナー（のちの国家保安本部長官、親衛隊大将、ニュールンベルクで死刑）は、めきめきと出世してゆきます。

彼の出世への欲望ははげしく、ナチの秘密警察《ゲシュタポ》——ユダヤ人狩りはここの管轄でした——にはいったのも、それまでの任務の退屈さと、出世への憧《あこが》れからでした。彼は当時は秘密警察が何であるかさえ、殆ど知らなかった。

アイヒマンに運が向いてきたのは、彼がユダヤ人問題に身をいれはじめてからです。彼はシオニズム（パレスチナ帰還運動）の聖典とされるヘルツルの『ユダヤ人国家』を読み、そのナショナリズムに共鳴し、かつ感動しました。さらにヨオロッパ＝ユダヤ語（イーディッシュ語）を少し勉強して、読めるようになった。ヨオロッパ＝ユダヤ語は古いドイツ語をもとにしたことばですから、ドイツ人には習得が容易です。

アイヒマンは継母《ままはは》の親戚《しんせき》のユダヤ人に、職業を斡旋《あっせん》してもらったこともあります。彼が個人的にはユダヤ人に悪感情をもっていなかったというのは、ある程度本当のようです。ことにシオニズムには好意をもち、ヘルツルの三十五年祭にはわざわざ平服にきかえて、ヴィーンの彼の墓にもうでることまでしています。奇妙なことですが、ナチも初期には、シオニズムに協力的だったのです。

初期のナチは、ユダヤ人を殺すことより、彼らをパレスチナに追いはらうことを目標としていました。シオニズムがめざすのも、パレスチナへの「帰還」です。そのうえ当時のシオニストは、そのころイギリス領だったパレスチナで、反英抵抗運動を展開していました。イギリスはアラブ側の圧力で、ユダヤ人のパレスチナ入国を抑圧していたのです。したがってユダヤ人がパレスチナに行くことはイギリスを困らせることであり、その意味でもナチ・ドイツとシオニズムとの利害は一致することになる。

アイヒマンは戦争まえに、ヴィーンのシオニズム機関やパレスチナのユダヤ人の世話で、パレスチナに出張旅行をしたことがあります。のちに各地のユダヤ人機関が、アイヒマンによって利用されることになった背景が、そこにあるのです。アイヒマンはシオニストたちの扱いかたを、この時期におぼえたようです。

ユダヤ人の虐殺がはじまってからあと、アイヒマンと交渉して千数百の優秀なユダヤ人を助けることとひきかえに、四十六万のユダヤ人を収容所に送ることを承諾し、戦後イスラエルで、裁判にかけられたシオニズムの指導者がいます（ルドルフ・カストナー。ハンガリー＝ユダヤ人救出委員会の責任者。一審で有罪となり、暗殺された。二審では無罪、復権）。船が難破するとき、全員を殺すよりは優秀なものを少しでも助けた方がいい、というのが彼の論理でした。それにイスラエル建国には優秀な人材が必要だった。

この非情な論理も、それなりにわからないことはありません。しかしとにかく、シオニストが一部のユダヤ人から非難されるのは、こういう点においてです。

アイヒマンはユダヤ人問題の専門家になりました。

たまたまその時期は、ナチがユダヤ人問題の「解決」に乗り出したときと一致していたので、アイヒマンは重宝がられ、たちまち出世することになった。彼は下士官から士官になり、ヴィーンのユダヤ人追放の責任者に任じられ、大富豪ロスチャイルドの大邸宅に事務所をかまえました。アイヒマンのヴィーン在任中のおわりの時期は、ナチの方針が、ユダヤ人追放からユダヤ人の「最終解決」――つまり虐殺――へとかわったときです。ベルリンでアイヒマンと親しかったドイツ「シオニスト機関」の実行委員、フランツ・マイヤー博士は、ベルリン時代にはユダヤ人に鄭重《ていちょう》だったアイヒマンが、ヴィーンで再会したときにはガラリと変って、椅子にかけろともいわなかったと証言しています。「彼は生死の権力をにぎっている男として自分たちにたいし、横柄きわまる態度をとった」

おそらくナチの方針の変化の、これは反映でもあったのでしょう。アイヒマンは一九三七年から四一年までの四年間に、少尉から累進して中佐になり、四一年にはRSHA（国家保安本部）のⅣ局（ゲシュタポ）B（宗派担当）4課長に任じられます。

アイヒマンの出世にたいする欲望は強烈です。記録を読むと、彼の眼中には、ヒトラーにたいする忠誠心と、出世への欲望以外になかったのではないか、という気がする。そしてその念願の出世欲を、ある程度かなえてくれたのが、ユダヤ人問題でした。彼がユダヤ人狩りに精を出した理由も、これによってかなりの程度説明できるはずだと思います。

アイヒマンは自分の階級が上がった日付は、じつによくおぼえています。彼は万年課長でいることに不満をもち、大佐になりたくて仕方がなかった。しかしナチの官僚機構では、学歴のない彼には、戦場に出て手柄でもたてればべつですが、大佐になれる望みはありませんでした。そのことへの不満を、彼は口述のなかでも、かくそうとしてはいません。

アイヒマンが自分のこの欲望をとげるみちは、ユダヤ人狩りにおいて、その技倆《ぎりょう》を発揮することをおいてはなかったのです。アイヒマンはシオニストには好意をもっていましたが、もちろんそういう「個人的好意」よりは、ヒトラーの命令の方が彼には、重大でした。ハンガリー＝ユダヤ人の大虐殺がはじまったとき、親衛隊総司令のヒムラーは、ドイツの労働力の不足や、さらに敗戦の不可避であることをおもんぱかって、はじめて大量殺人へのためらいをみせます。ヒムラーはユダヤ人の生命とひきかえに、金や軍需物資を獲得しようとし、最後にはユダヤ人狩り立ての中止命令を出すのです。

だがアイヒマンはきかなかった。どこまでもヒトラーの命令に忠実であり、ヒトラーのことばを絶対的な、「定言命法」と考える彼は、直属上官であるヒムラーの命令を無視してまで、ユダヤ人の狩り立てをつづけます。結局このために彼は、左遷されることになるのですが。

アイヒマンはきわめて忠実な、――ヒムラーよりも忠実な、――ナチ党員でした。レス大尉への口述記録（全六巻、重さ六キロに及ぶものです）を読むと、彼の語彙《ごい》は非情に貧弱で、くりかえされる質問にたいしてはいつもハンでおしたように、同じことばでこたえています。型にはまったことばでしか考えられない人物。つまりはナチがつくった一つの型のなかにはまって生きてきた、そしていまも生きている男です。

その彼の忠実さを支えたバネが、階級からはみ出した男としての、燃えるような出世欲でした。彼が死に送りこんだ四百万のユダヤ人は、そういう彼にとっては、出世のための、あるいはナチの「大使命」のための、材料でしかなかった。もっともセールスマンなどをして苦労してきた彼は、その間、自分の写真をたった一枚のほか残さなかったり、敗戦後七人の情婦のもとを転々とする（そのうちの一人はユダヤ人です）というような才覚は、もっていました。彼の親友だったルドルフ・ヘス（アウシュヴィッツ収容所長）には、こういう芸当はできなかったでしょう。ヘスはむしろ、典型的なプロイセン型人物です。

いずれにしても盲目的な、奇怪な世界です。アイヒマンが「命令だったから仕方がない」といいはるのは必ずしも本当ではなく、彼には課長の椅子を辞することも可能でした。ただ彼にとっては、そんなことは問題にならなかった。自己の行為の是非を自分で判断する余地は、彼の住んでいた世界には存在しなかったのです。

ぼくは偶然のことから「石鹸《せっけん》」というものを見せられました。人間の脂肪からつくった石鹸です。

このときの衝撃は、ちょっと忘れられません。白っぽい色のそのものは、いずれサラとかハンナとかコーヘンとかいう男女であったところのものなのでしょう。ぼくはこみ上げてくる嘔気《はきけ》をおさえながら考えました。人間が人間を殺して骨をセメントに、脂肪を石鹸にする。この兇暴なニヒリズムにたいして、いったいどんな思想が、今日対抗できるのだろうかと。

それで何がわるいと、アイヒマンがもしいなおったとき、だれがそれに正当にこたえられるだろうか。——少なくとも戦後の日本をおおってきた、あの安っぽいヒューマニズムでは、それは片づきそうにないのです。

もちろん裁判は、そんな思案とはかかわりなく進行するでしょう。しかしこのうす気味のわるいものを、人間がつくり得たという事実は動かしようがありません。人間にはすべてが許されているだけではなく、すべてが可能であるらしい。白っぽい石鹸が投げかける問題は、残るのです。

もっともアイヒマンは、『異邦人』や『死はわが職業』などの小説の主人公ではなく、それで何がわるいと、いなおるようなことはしませんでした。自分は有罪である、申しわけないと、少なくとも調査にあたった査察官には殊勝なことをいっていました。ただ彼にとっては、四百万の老幼男女の苦しみよりも、自分の出世、昇進の方が重大だった！

四百万の人びとがこういう男の手によってガス室に送りこまれた、ということは、ずいぶん不条理だ、という気がします。このセールスマンは、自分の行為の意味に、四百万の死の重みに、いちども直面したことがないらしい。つねにそれは命令だったか、出世のためだったかいずれかです。典型的な官僚というものでしょうが、死んだ方はうかばれません。

とにかく無気味な石鹼とこの無責任なセールスマンとでは、あまりに釣りあいがとれない。ぼくはこの光景を見ているのが次第に馬鹿々々しく、つらくなってきました。

イスラエルにいるあいだに、せまい国のなかを方々歩きまわりました。はじめて見る中近東の、砂漠の印象は強烈でした。旧約聖書のあのはげしい宗教が、この土地に育った理由も、荒野を見るとわかるような気持になりました。そして何よりの驚きは、この新興国に古い宗教が、いまも生きて息づいていることでした。

キリスト教がユダヤ教の一分派として発足したことは、だれしもが知るところですが、イスラエルのユダヤ教徒は、キリスト教を新興宗教のようにいいますし、じじつここにいるとそんなふうに見えてくるから不思議です。ヨオロッパの文化を考えるうえで、ユダヤ、ヘブライ系の思想の流れを、無視することができないことは、いうまでもありません。ぼくはそれからはしばらく、この砂漠の宗教に、とりつかれたようになりました。

イスラエルの国づくりのみごとさも、かねがねきいてはいましたが、ぼくには感動的でした。しかしそういうことはまた、べつの物語です。

アイヒマンは、一九六一年十二月十五日、死刑の判決をうけました。開廷後八か月です。裁判所は法制的には、エルサレムの地方裁判所でしたから、アイヒマンには上告の権利があります。彼は上告し、イスラエル最高裁判所は三か月にわたる審議ののち、上告を棄却しました。翌一九六二年の五月二十九日のことです。

アイヒマンは当時のイスラエル大統領（故）ベン・ツヴィに、助命の嘆願書を出しました。アメリカの改革派《リフォーミスト》ユダヤ人の団体である「アメリカ・導師《ラビ》中央評議会」や、ヘブライ大学の教授で有名な哲学者のマルティン・ブーバーも、助命嘆願書を出していきます。弁護士のセルヴァティウス博士は、助命運動のためにドイツに行きました。

しかし嘆願はことごとくしりぞけられ、アイヒマンは五月三十一日に、絞首刑に処せられました。最終判決から、わずか二日後のことで、弁護士はこのときドイツにいました。イスラエル政府は、執行のときを長びかせることによって、雑音がたかくなるのをおそれたのでしょう。

本書の第二部は、アイヒマンの口述記録を中心に、法廷での弁論、各種の研究書を参照して書いたものです。解釈はべつとして事実に関しては、資料のないこと、あっても不確かなことは、一つも書かなかったつもりです。

アイヒマン裁判の法廷記録は厖大《ぼうだい》なものですから、それが公刊されることは、これからもちょっとあり得ないでしょう（イスラエルでは検事の冒頭の論告が、本になっています）。現代史の一こまとして、また人間の記録として、こういうものをまとめておく気になりました。

本書は昭和三十七年に、角川新書の一冊として刊行されています。今回文庫にいれるのにさいして、大幅に手を加えました。

解　説

アイヒマン裁判は、歴史的事実の解明と思想的理解、二つの点で画期的な裁判である。大量虐殺直前に行われたナチスとユダヤ人協会との交渉の生々しいやりとりから、ユダヤ人の絶滅収容所への鉄道による移送の実態、ガス室の稼働、絶滅収容所での日常の虐待に至るまで、多くの生存者の証言によって詳細を明らかにすることで、アイヒマン裁判はその後のホロコーストの解明に大きく寄与することになる。

ユダヤ人虐殺の全体像を明らかにする最初の裁判がニュールンベルク裁判であったとすれば、アイヒマン裁判は、その次の転機となった裁判だった。なにより、アウシュヴィッツなどの絶滅収容所への数百万に及ぶ鉄道移送の責任者、アイヒマンによる証言なしにはその実際はわからなかったからである。

さらに、哲学者ハンナ・アーレントがこの裁判を傍聴し、「悪の陳腐さ」についての報告を行ったことで、アイヒマン裁判は思想的にも画期的な事件となった。悪は、私たちごく普通の人間の内に潜んでいる。それは決して悪魔《デモーニッシュ》的な力や意思をもつのではなく、ごく小市民的な、官僚的な、日常的性状の内にあること、これがアイヒマンのうちにアーレントが確認した悪の姿だった。

アイヒマンは決してユダヤ人絶滅の強烈な思想を抱いていたわけではない。彼は無思想であり、自分の行っていることの意味をわかっていなかった、とアーレントは報告している。アーレントによれば、シェークスピアの描く悪人たち、たとえば「〈悪人になってみせよう〉というリチャード三世の決心ほどアイヒマンに無縁なものはなかった」。こうした悪の凡庸さ、私たち普通の人間のなかに驚くべき悪行への素質があることを、アーレントを通じて世界は知ることになる。

この裁判の後、普通の人間のなかでもどのように残虐な行為が発生するのか、そのメカニズムを解明するため、ミルグラムの実験やスタンフォード大学の監獄実験などが行われるようになる。こうした実験の視点は、アイヒマン裁判が明らかにした、人間性に潜む悪への理解の延長線上で初めて可能となるものだろう。

父、村松剛《むらまつたけし》はそれまで文芸評論家として、仏文の研究者として、若き遠藤周作《えんどうしゅうさく》氏や佐伯彰一《さえきしょういち》氏らと「現代評論」や「批評」などの雑誌に携わっていた。一九六一年の春、「サンデー毎日」から「アイヒマン裁判を傍聴してルポルタージュを書かないか」と誘いがあった日、そうとう悩んだらしい。しかし、話のあった次の日には「行きます」と回答したようだ。当時は一ドル三百六十円の固定相場制で、日本からのお金の持ち出しは制限され、観光旅行は普通にはできない時代だった。羽田《はねだ》から世界に飛び立つことは、一般の日本人には不可能な時代で、食うや食わずの三十代前半の若き文学者にとって大きな決断だった。日本から裁判の傍聴に渡航したのは、当時『お嬢さん放浪記』で有名だった犬養道子《いぬかいみちこ》氏（犬養毅《つよし》の孫）と父の二人だったと聞いている。

最初の記事は一九六一年、四月二十三日付の「サンデー毎日」に掲載された。当時、ファックスはなかったし、ましてメイルで添付ファイルを送ることもできない。四月十一日から始まった裁判の記事を日本に送ることには、苦心したようである。たまたま、チェコのホッケーチームがイスラエルでの試合を終えて日本に向かうことを聞きつけて、その一員にテルアヴィブ空港で原稿と写真を託した。その原稿を「サンデー毎日」の編集者が羽田でチェコのチームから受け取るという形をとったらしい。「あのときは本当に苦労した。ちゃんと編集者にわたるかどうか保証もないし。ニコニコ笑いながら、いいよ、と言ってくれたチェコの選手を信じるしかなかった」と、父は後年回想していた。

前後一か月の滞在中、父は裁判を傍聴するかたわら現地を精力的に歩き回り、ホロコーストの生存者にも会って話を聞いている。こうした経験は、さらに『大量殺人の思想』に綴《つづ》られていくことになる。文学者が取材にのめり込んでいたのはなぜだったのか、なぜアイヒマン裁判に行ったのか、と後に聞いたことがある。

父は三つの動機を語っていた。まず何より、当時お金もなければ機会もなかった青年にとって海外を見たかった、という素朴な動機。

次に思想的な動機。当初、父は「ユダヤ人を殺して何が悪い」と主張する、ナチスを体現するような傲然《ごうぜん》とした悪が現れることを想像していた。文学者、批評家として、彼の表現によれば『異邦人』のムルソーや『カラマーゾフの兄弟』の大審問官のような、人間性の深淵《しんえん》に臨むような人物を思い描いていたようである。彼はそれを漠然とニヒリズムと呼んでいた。戦後の日本を覆ったアメリカ流のヒューマニズムでは見通しがたい人間の深み、暗さを文学者として考える、それが思想的な関心である。ちょうど、アーレントがシェークスピアの描くイアーゴ、マクベス、リチャード三世を思ったように、ヒューマニズムや人間の尊厳に疑問を投げつけるような強烈な悪を、父は言わば、期待していたわけである。

最後に、仏文学者であった彼にとって、フランス文学に必ず現れる通奏低音、ユダヤ人の問題は常に心に引っかかる棘《とげ》のように疑問となっていたらしい。また、フランス文学に傾倒すればするほど、キリスト教の影響の大きさを実感していたようで、その発祥の地、カナンの地、エルサレムを見たいという思いは強かった。これが、三つめの動機だった。

本書の原著は、裁判で渡された資料、裁判の速記録（フランス語版）とアイヒマンの供述書をもとに書かれ、一九六二年に角川新書として出版された。

裁判は、イスラエルの母国語ヘブライ語で行われているが、アイヒマンの証言はもちろんドイツ語である。アイヒマンの弁護士セルヴァティウスもドイツ人のため、質問も弁護もドイツ語で行っている。ホロコーストの生き残りの証言もヘブライ語ばかりではない。何より、ドイツ系ユダヤ人にとってはドイツ語が、オランダ系ユダヤ人にとってはオランダ語が母国語であるから、ヘブライ語はそれほどうまくないユダヤ人もいる。こうした事情を反映して、それぞれの証人が望む言語で証言が行われている。

そもそもユダヤ人はその生い立ちからして数カ国語はできる。裁判長も、ヘブライ語の他、ドイツ語、英語、おそらくイーディッシュも、問題なく理解しているし、ハウズナー検事がアイヒマンの答えにいらついて、通訳を通さずにドイツ語で直接質問をぶつける場面もある。こうして、裁判はまるで言語の国際見本市のようになり、証言、被告への質問などの裁判の全経過は、ドイツ語、フランス語、英語に同時通訳して速記された。そのフランス語版をもとに本書は書かれている。

ＫＡＤＯＫＡＷＡの編集者、岸山征寛《きしやまゆきひろ》氏は本書をたまたま古本屋で見つけ、再刊を考えたという。アイヒマン裁判記録の歴史的価値、思想的価値は高いが、現在では裁判の全記録をインターネット上から英語でみることができる。また、裁判のかなりの部分については、ＹｏｕＴｕｂｅで英語の同時通訳版による動画としてもみることができる。それに、この五十年のうちにホロコーストに関する研究も進み、当時不明だった多くのことが解明されている。こうしたことを考え、本書の復刊には躊躇《ちゅうちょ》もしたが、裁判の証言とアイヒマンの調書を日本語で記した点で、本書は五十年以上経過した現在でも価値があるかもしれない。そう考え、岸山氏と相談の上、再刊に踏み切った。

復刊に際しては、角川文庫の第七版（一九七五年）を底本としている。

本書は五十年を経過しているため、表記上いくつか大きな問題があった。まず、事実と異なる記述があった。その原因の主なものは四つ推測できる。同時通訳の速記録であったため、語学が達者なユダヤ人の同時通訳とはいえ、タイプの打ち間違い、聞き間違いは当然ある。次に、アイヒマンの証言に彼の記憶の間違いがあったと思われる。さらに、アイヒマン裁判の当時は明らかでなかったもの、事実が後の研究から詳細に明らかになった。そして、最後におそらくまとめた父の間違いがある。

しかし、極力原文の歴史性を尊重し、明らかに事実に反すると思われる点のみを訂正した。一つ例を挙げれば、アイヒマンの親衛隊隊員番号は45326であるが、45320と間違って原書では書かれていた。タイプ原稿では、6と0はインクがにじむと混同しやすい。現在のインターネットとPCの普及した社会からは、とうてい想像できない問題もあったのである。

地名、人名の記述に関しても悩んだ。原文では記述に統一がなく、フランス語読み、英語読みなどが混在していたからである。原文をできるだけ尊重したが、混乱を引き起こす恐れがあったので、たとえばポーランドの都市がドイツ語読みとなっている場合、カッコに入れてポーランドの地名を入れるなどしてわかりやすさの便宜を図った。また、証言で明らかにドイツ語が使われているものに関しては、そのままドイツ語として編者の註などはいれていない。もっとも、日本語表記として定着しているものに関してはそのままにするなど、必ずしも統一はしていない。

蛇足だが、私たち日本人にはなかなか想像しがたい事実もある。たとえばプラハは、戦前の住民はドイツ人三分の一、チェコ人三分の一、ユダヤ人三分の一で、現地ではドイツ語、チェコ語双方の名が使われていた。ポーランドも同じような地域が各地にある。地名や人名の発音が錯綜《さくそう》することには、こうした事実も大きく影響している。

現在からみれば不適切な表現も散見された。たとえば人権問題につながる「ニグロ」といった記述がある。しかし、著者が亡くなっていることを鑑《かんが》み、原文を尊重し、一切手を入れていない。本文には、ところどころ註がある。訳編者註とあるのは、原書にあった父の挿入した註である。一方、編者註は今回再刊するにあたって、私が編集者と相談のうえ挿入した。原文の校閲に関しては、ドイツ語、英語に堪能《たんのう》な川村信郎《かわむらのぶお》氏が丁寧な資料を添付してくださったおかげが大きい。ここに亡き父に代わってお礼を申し述べたい。父が存命であれば、「今度の校閲の方は、本当によく理解して細かくチェックしてくださっているよ」と述べたにちがいない。

二〇一八年十月

早稲田大学文学学術院教授　村松《むらまつ》 聡《あきら》

本書は一九六二年に角川新書で刊行され、一九七二年に文庫化された作品を復刊し、著作権承継者による解説を加えたものです。

底本には一九七五年の文庫第七版を使用しました。復刊にあたり、著作権継承者の御了解を得て、文庫版では割愛されていた角川新書版の「あとがき」を「アイヒマン裁判覚書――あとがきにかえて――」の前に収録しました。また、難読と思われる一部旧字の表記を新字に直し、第一部の証言箇所の地名・人名は裁判記録を参照し、証言者の発音を採用し、表記を整理しました。

本文中には、「ジプシー」「屠所に引かれてゆく」「ニグロ」「気ちがい」「ツンボさじき」など、今日の人権擁護の見地に照らして不適切と思われる語句や表現がありますが、取材・執筆当時の社会状況および著者が故人であることを鑑《かんが》み、底本のママとしました。

村松　剛（むらまつ・たけし）
評論家。筑波大学名誉教授。1929年生まれ。東京大学大学院文学研究科仏語仏文学専攻〔59年〕博士課程修了。94年没。大学院在学中から文芸評論家として活躍。58年には遠藤周作らと「批評」を創刊する。ナチズムに対する関心から、61年アイヒマン裁判傍聴のためイスラエルへ赴く。62年にはアルジェリア独立戦争に従軍取材。立教大学教授などを務めたのち、74年筑波大学教授。著書に『死の日本文学史』『評伝アンドレ・マルロオ』『三島由紀夫の世界』など。

【解説者・編者】村松　聡（むらまつ・あきら）
1958年生まれ。早稲田大学文学学術院教授。上智大学哲学科、同大学院修了後、ドイツ・ミュンヘン大学留学。横浜市立大学国際総合科学部准教授を経て、現職。専門は生命倫理、哲学・倫理学。

新《しん》版《ぱん》 ナチズムとユダヤ人《じん》
アイヒマンの人間像《にんげんぞう》
村松《むらまつ》　剛《たけし》

2018 年 11 月 10 日　初版発行
2025 年 5 月 5 日　7 版発行

◆◇◇

発行者　山下直久
発　行　株式会社KADOKAWA
〒102-8177　東京都千代田区富士見 2-13-3
電話　0570-002-301（ナビダイヤル）
装 丁 者　緒方修一（ラーフイン・ワークショップ）
ロゴデザイン　good design company
オビデザイン　Zapp!　白金正之
印 刷 所　株式会社KADOKAWA
製 本 所　株式会社KADOKAWA

角川新書

ISBN978-4-04-082256-3 C0220